丛书编委会

总　策　划：来新国　王文成

编委会主任：郭齐勇　周晓亮

编　　　委：来新国　陈知涯　张　彧　尹格韬　沈　众

　　　　　　　　王文成　孟淑贤　周长志　罗养毅　秦　丹

　　　　　　　　乌　琛

大家精要
典藏版丛书

简读

钱德洪

胡栋材 著

陕西师范大学出版总社　西安

图书代号　　SK24N1894

图书在版编目(CIP)数据

简读钱德洪 / 胡栋材著 .— 西安：陕西师范大学出版总社有限公司，2024.10
　（大家精要：典藏版 / 郭齐勇，周晓亮主编）
　ISBN 978-7-5695-4189-2

　Ⅰ . ①简… 　Ⅱ . ①胡… 　Ⅲ . ①钱德洪—人物研究
Ⅳ . ① B248.995

中国国家版本馆 CIP 数据核字（2024）第 027010 号

简读钱德洪

JIAN DU QIAN DEHONG

胡栋材　著

出 版 人　刘东风
策划编辑　刘　定　陈柳冬雪
责任编辑　杜　云
责任校对　宋媛媛
封面设计　龚心宇　张潇伊
出版发行　陕西师范大学出版总社
　　　　　（西安市长安南路 199 号　邮编 710062）
网　　址　http://www.snupg.com
印　　刷　深圳市福圣印刷有限公司
开　　本　889 mm×1194 mm　1/32
印　　张　6.25
插　　页　4
字　　数　112 千
版　　次　2024 年 10 月第 1 版
印　　次　2024 年 10 月第 1 次印刷
书　　号　ISBN 978-7-5695-4189-2
定　　价　49.00 元

目　录

1

第 1 章

引 子

从王阳明的死说起

明嘉靖七年十一月二十九日，即公元 1529 年 1 月 9 日，一行人来到南安府大庾县（今江西大余县）青龙铺码头，他们脸色僵凝、心情沉重。这里虽然是中国的南方，但在寒冬时节，想必也十分潮湿阴冷，更何况走的还是水路。他们忧心忡忡地守在船舱外面，感到形势很不妙。一位中年模样、瘦骨嶙峋的人在船舱内躺着，他神色坚定，把学生周积唤进舱来。周积急忙走进来，俯身望着老师。过了许久，此人才慢慢睁开双眼，说道："我要走了。"周积一听，立马跪下，抽泣起来，并强忍心中的悲痛，凑过去问道："老师还想说点什么？"只见老师微微地笑着，说了八个字："此心光明，亦复何言。"过了片刻，他的眼睛就慢慢合上。老师走了，时间是农历二十九日辰时（早晨七点至九点）。他就是我国历史上的传奇人物——王阳明。

对于王阳明，人们的关注自然不会少。无论是深入细微的学术研究，还是乐此不疲的戏说演绎，在某种意义上说，其实都不为过。因为这个人物的确不简单，在他身上所展现的东西，需要从各个角度来诠释、揣摩和消化。以上王阳明临终情景的描述，来自于《阳明先生年谱》（简称《年谱》）。该《年谱》撰成于王阳明死后的第三十五年，即1564年，由他的弟子钱德洪主要负责编撰。一般来说，现在要了解和研究王阳明，那这个《年谱》就是最主要甚至是最重要的资料；况且，该《年谱》是由王阳明的得力弟子所撰，其可信度不言而喻。然而这并不表明，我们完全可以相信《年谱》里面的每行字。因为历史的实情，可能远比目前所能看到的文献丰富得多、复杂得多，甚至于超出所能想象的范围，也不无可能。

就以王阳明的临终事迹来说，早年结识阳明并对他的学说崇奉不已的黄绾，也撰写有类似于年谱性质的《阳明先生行状》（简称《行状》），以记录王阳明生前情况。对于阳明的临终事迹，其中有这样的描述：十一月二十九日，一行来到江西南部的南康县，此时的阳明，已至弥留之际，随身侍奉的家童询问道："（您）还有什么嘱托？"阳明说道："（我）没有其他的什么念头。只是我这一生的学问，刚刚创立，还来不及与我的学生们一起完善它、传播它，这是我最为遗憾的事啊！"阳明说完不久，便谢世了。

显而易见，关于王阳明的临终事迹，《行状》和《年谱》所记述的内容，相同之处远少于不同之处。如果说有哪一点最为相同的话，那就是王阳明的确是死于病途。至于其他的，诸如死亡地点、交谈人物等，都存在误差。《行状》和《年谱》之所以存在以上不同，其实并不难理解，毕竟它们都不是由亲历者所撰，因此"道听途说"和"添油加醋"的内容就不能完全排除。但是，钱德洪一人所记述的内容，为何前后也不一致？

关于老师王阳明的临终事迹，钱德洪在《遇丧于贵溪书哀感》一文中也有交代。他以第三人称的语气说：十一月中旬，我的老师病情危急，于是他向皇上请求辞职，回乡养病。二十一日，老师一行越过大庾岭（位于江西与广东两省边境），当地的王长官担心老师可能会病死归途，于是秘密派人准备好棺材，以防万一。到了二十九日，病情已经十分危重。老师似乎也已经知道自己不久于人世，于是问侍奉他的人："到南康还有多远？"侍者回答道："还有三个驿站的距离。"老师听后，说道："恐怕来不及。"侍者哭泣着说："王长官已经给您带好寿棺，我们都不敢告诉您啊！"此时，我的老师穿戴好衣帽，靠着侍童坐在那里，说道："谁能有我这样的思想理念啊！"过了一会儿，老师气息殆尽。那时正好在南安县的青田镇，时间是十一月二十九日午时。

以上一段文字，是钱德洪在王阳明死后一个月内所写。与《年谱》的记载相比，这篇记文离阳明去世时间最近。综合而言，《遇丧于贵溪书哀感》传递的信息，至少对德洪本人而言，似乎更为真实。而《年谱》中的记载，虽然不知道是由何人第一手撰成，但它一定会交由德洪把关和审订。也就是说，德洪必须要在这两种记载中作出选择，甚至，他还得考虑《行状》的说法。可以想见，这种思想斗争，足以让刚失去老师的德洪寝食难安。

我们不知道钱德洪有过多少次踌躇和惶恐，我们也无从知晓，弟子们为确定《年谱》中老师的临终之事，有过多少次商讨甚至是争吵。历史告诉我们，作为记录王阳明生平事迹的最重要的文献——《年谱》，选择"此心光明，亦复何言"这一版本。毫无疑问，这一版本在众多版本中最具感染力，也最能代表王阳明的学说精神。因此它传达的关键，在于情感上的真实，不管是生活的情感，还是学术的情感，或是二者兼有。用阳明自己的诗句来说，那就是"铿然舍瑟春风里，点也虽狂得我情"。一个"狂"字，对于王阳明而言，即使是在生死之际，也被彰显得感人心扉！《年谱》的选择再一次成就了阳明，以及阳明的学问。

"狂"，如今多和"妄"字结合，表示对某人的一种贬斥或鄙视，比方说，"这是个狂妄的家伙"。但是在思想史上，尤其是儒家的学说史上，单一的"狂"字，往往指一种杰出的人格。孔夫子就曾讲过，"狂者进取，狷者有所不为"。"狂"和"狷"，代表中国文化两种典型人格。前者志意高远，勇敢进取；后者洁身自好，有所不为。前者的代表人物，有苏轼和鲁迅，苏东坡有"老夫聊发少年狂"这样的千古名句，周树人则著有名篇《狂人日记》；后者有庄子和屈原，他们的《逍遥游》和《离骚》，早已是中小学教材里的范文。这些历史人物呕心沥血所写就的篇目，既是他们思想学说的表达，也是其人品性格的展现。而历史上又有些人，既狂又狷，为后世所称道。如唐代的李白、明代的徐渭，恐怕就属于此类。由此可见，要做到"狂"或是"狷"，已是十分不易的事，更何况要成为"狂狷之士"。

王阳明就属于"狂者"这一类，从他上面的诗句也可以看到，阳明先生就是这么定位自己的。所以在儒学的思想阵营中，阳明很是推服曾点。曾点是谁？他可说是孔夫子较为得意的弟子。在《论语》中记载有这么一则故事：有一天，孔夫子的四位高徒，即子路、曾点、冉有和公西华，围坐在老师周围，似乎是在闲谈。孔夫子让他们讲讲自己的志向，子路、冉有和公西华三人，都滔滔不绝地谈了自己的想法。最后，轮到曾点。他说道："我的志向是暮春时节，天气和煦，春天的行装已穿戴完毕。我和五六个同辈人，六七个孩童，一起到沂河（位于山东省南部）里沐浴，在舞雩台（位于沂河之北）上吹吹风，然后唱着歌回家去。"夫子一听，就点头说："我赞同（曾）点的想法啊！"孔夫子之所以如此表示，根本原因在于，曾点戳中他的心思，把他的人生向往给抓住了。那就是所谓的"圣人乐处"，这是一种人生境界。

在这种人生境界里，蕴含"狂"或"狷"的思想因子。王阳明把曾点看作儒家中的一位狂者，他自己的人生志趣，也正是要像曾点一样。《年谱》告诉我们，直到生命的最后一次呼吸，王阳明都保持着狂者的本色。他临终之际的表现，有神秘体验的宗教色彩，但更重要的是，这些表现乃是其思想的必然所致。凡是了解王阳明一生行迹和思想大概的人，都不会感到有什么意外或惊奇。并且，王阳明的这种狂者精神，已经注入他学说的每个字中，滋养着后来者。

阳明学与阳明弟子

王阳明思想及其身后的流传，统称为王学或阳明学，也称阳明心学。阳明学的形成及其发展演变，化用史学家陈寅恪先生的说法，那是我国思想史上的"一大事因缘"。用通俗的话讲，那就是一大事件。这一大事件不仅对儒家学说思想的走向，产生极为重大的影响，而且对以儒家思想为主的中华文化，及其长久积淀的文化心理，也发生着深远的作用。这不是一两句话能交代的，甚至几本书也无法完全说清楚。

我们想说的是，作为如此重要的"一大事因缘"，它远不是王阳明一手造就的。在前面有关王阳明临终事迹的一个版本中得知，他生平的一大遗憾，就是不能与学生们一起来传播和发展自己刚刚创立的学说。王阳明深知，他这一新创的学说，就像一个新生儿，虽说五脏六腑、四肢九窍等已经初步具备，但后天的培养呵护，对于这婴儿最终的长成，无疑也非常重要。此时的阳明学，如同一个刚出生就失去父母的幼儿，极其脆弱，急需看养。如此说来，阳明学后来能成为中国文化思想之林中的巨人，这些有心的后继者们，可以说功劳"盖莫大焉"。

当谈论王阳明时，就不能不知道他身后那些得力的弟子们；当说起阳明学时，更不能不对这些弟子的思想加以留意。只有这样，我们所谈论、所理解的阳明学，才有可能是真正的阳明学、整全的阳明学，也才有可能接近思想史的事实。如此一来，从这些事实中所受到的教养和教益，才会印刻得足够深，并融入我们的血液和灵魂之中。或许，无论是了解像王阳明这样的人物，还是其他的历史人物，这都是应有的动机和心态。

如此说来，就需要对王阳明弟子的情况，有一番大致的了解。由于王阳明的弟子太多、太复杂，分布也很广、很不均衡，所以明末清初的黄宗羲，这位受阳明学影响很深的大学问家，在他所著的《明儒学案》中，就专门设有一系列的"王门学案"，对王阳明的弟子或后学的情况进行说明。这个工作很有意义，对我们了解王阳明弟子及其思想提供了不可多得的参考。但是也要注意，这位黄宗羲虽然是大学问家，但他毕竟有自己的立场，因此他所辑录的材料和所评判的言辞，不能一概相信。而且他以地区来划分王阳明后学，也有不妥之处，因为很明显，王门中有不少弟子是在各地区活动的，并不限定在哪处。

从《明儒学案》的载述和安排来看，王阳明在世的时候，其弟子大致可以按他活动的时期来分类。如此一来，就可以将阳明弟子大致分为三个时期，即贵州时期、江西时期和浙江时期。而他去世之后，那些归入阳明学派的人，基本可以视为他的后学。这些弟子或后学，据不完全统计，著名的有徐爱、薛侃、季本、南大吉、钱德洪、王龙溪、黄绾、董沄、邹守益、黄弘纲、欧阳德、聂豹、罗念庵、陈九川、魏良弼、魏良政、魏良器、王时槐、邹元标、唐顺之、王艮、王襞、赵贞吉、罗汝芳、耿定向、焦竑、方学渐、周汝登、陶望龄等。可谓灿若星河，光彩夺目。他们当中，徐爱是阳明的妹夫，可惜英年早逝，他去世的时候，阳明十分悲痛；董沄呢，则以近七十的高龄，拜在阳明的门下，实在让人感佩；至于王龙溪和钱德洪，他们亲炙阳明时间最长，也是阳明弟子中颇重要的两位。此外，魏良弼、魏良政和魏良器则是三兄弟，他们在阳明巡抚江西时一同拜的师。可见，光是这几个在世弟子，就值得好好研究，更不用说后来的弟子以及后学人物。

本书的主人翁，就是上面提到的一位，也是其中重要的一位。他就是阳明《年谱》的主撰者——钱德洪。下面，就让我们从钱德洪的出生说起吧！关于钱德洪，以前人们总以为没有什么好说的，无须费一点笔墨和口舌。但事实上远非如此，就拿钱德洪的出生来说，它就很值得一说。

第2章

追随王阳明之前

钱德洪的出生，之所以有那么一点不一般，个中缘由，自不必旁人苦思冥想，更不需要爬梳钩沉。钱德洪自己就已交代得一清二楚。在《瑞云楼记》一文中，他说道：

瑞云楼者，吾师阳明先生降辰之地也。楼居余姚龙山之北麓……海日公（王阳明父亲王华）夫人郑，妊先生既弥十四月，岑（王阳明祖母岑氏）夜梦五色云中，见神人绯袍玉带，鼓吹导前，抱一儿授岑曰：与尔为子。岑辞曰：吾已有子，吾媳妇事吾孝，愿得佳儿为孙。神人许之。忽闻嘐声，惊悟，起视中庭，耳中金鼓声隐隐归空，犹如梦中。盖成化壬辰九月三十日亥时也。竹轩公（即王阳明祖父王伦）异之，即以"云"命名。后先生五岁尚未言，有道士至其家，戒竹轩公曰：天机不可泄。竹轩公觉之，乃更先生名。自是讳言梦矣。先生一日忽诵竹轩公所读过书，公惊问之，曰：闻公读时，口虽不能言，已先默记矣。及先生贵，乡人指其楼曰"瑞云楼"。他日公既得第，先子复僦诸莫氏居焉。弘治丙辰，某亦生于此楼。及某登第进士，楼遂属诸先子。先师之生协诸梦，天降至人，诚非偶然，某不肖，辱登先师之门，而生也又辱与诸楼。

瑞云楼：故事的奇妙开端

瑞云楼

为读者理解方便，现以钱德洪的口吻，将以上文言文的大意作如下转述：

瑞云楼这个地方，是我的老师阳明先生的出生之地。这个楼，坐落在余姚（今浙江余姚市）的龙山北面。当初，先生的母亲怀胎已有十四个月，这时候的一个晚上，先生的祖母梦见自己在五色云中，有位神仙怀抱着一个小孩，说道："这个孩子就拿来当作你的儿子吧！"先生的祖母拒绝道：

"我早已有孩子，倒是我的媳妇郑氏，十分的孝顺，我愿意这个孩子当我的孙子。"神仙答应了她。忽然，就有小孩子的啼哭声。这个时间，正好是成化八年九月三十日亥时（**就是公历1472年10月31日晚上九点至十一点**），即阳明先生的生辰。

阳明先生出世后，一直到五岁，都不能说话。此时有一位道士到先生家里，对先生的祖父说："这是天机啊！不可泄露！"祖父如梦初醒，就将先生的名字改了，也不再谈起因梦起名之事。一日，阳明先生忽然诵读起祖父日常所读书的内容来，这让祖父大为惊讶。阳明先生说："以前听过祖父您读书，我虽然不能说出来，但已经默默地记住。"先生显贵之后，乡亲们就把他出生的楼叫作"瑞云楼"。

弘治丙辰（1496），我——钱德洪——也出生于瑞云楼。到我做了进士，这个楼就归属于"先子"。这个"先子"指谁呢？根据前面的说法，这个楼在阳明先生中举之后，就由王阳明家归还给莫姓人家。阳明出生的二十四年后，德洪又出生于此楼。此时该楼属于莫氏，还是属于钱氏，并不清楚。只知道，直到钱德洪中进士，这个楼的所有权已经归为钱德洪家。可知这个楼原本应为莫氏所有，后来租给了王阳明家，王家退租以后，又租给德洪家。到后来，钱家购买了该楼的所有权。情况大概就是如此。所以德洪这里所说的

"先子"，应该指他的父亲钱蒙（？～1547）。关于这些，德洪的好友、同为阳明学中人的罗念庵已经交代得很清楚。钱德洪接着说道：我的老师阳明先生，他被托梦而生，像他这样的豪迈人物，上天有祥瑞的暗示，想必也不是偶然之事。我很愚钝，为自己能拜在先生门下感到惭愧，更为自己与先生同生于此楼（瑞云楼）感到愧疚难当。

钱德洪的以上话语，稍加体会，就会感到他是多么百感交集。一方面，此楼后为他们钱家所有，然而阳明一家也曾住过，这就天然地拉近了他与阳明的感情。更何况师徒二人先后出生于此，这更加给钱德洪原本平凡无奇的出生添加了神圣的一笔。这种奇妙的安排，想必钱德洪每每想起的时候，都会生发出由衷的感叹，一种自豪感和神圣感会从心头升起。试想一下，在历史上，还有哪些师生有这样奇妙的经历！

另一方面，此时钱德洪心中总有难以摆脱的羁绊和压力。因为太过推崇老师的为人和学问，以至相较之下，自己显得那么普通，甚至有点无能。这里不便臆测，钱德洪认为自己有辱师门，到底是出于谦逊，还是出于对老师的尊重。但可以肯定的是，阳明对他而言，仿佛是命中注定的事。也就是说，在他自己看来，他更有责任护卫阳明的学说。这种学术上的使命感和责任感，往往给人带来莫大的压力，同时形成一股强大的束缚力。

但历史似乎总会在人身上开不大不小的玩笑。几十年后，钱德洪去世不久，人们在《绪山钱君行状》(简称德洪《行状》)和《绪山钱公墓志铭》(简称德洪《墓志铭》)中这样写道："母亲马氏，梦见祥云覆盖在她上空，云空中有声音呼唤太乙这个名字，马氏突然惊醒。此时，一个婴儿出生。这个婴儿就是钱德洪，他出生的祥瑞之兆，和阳明先生一样啊！"从以上记载来看，就出生事迹的精彩程度而言，钱德洪并不比他的老师阳明先生差多少。如果他九泉之下有知，不知会作何感想。

不管怎样，瑞云楼，在外人看来不过是一处普通的民宅而已。可在钱德洪的心中，却埋藏着旁人无法理解的思想情愫。对于钱德洪而言，瑞云楼就是命中注定的，注定他这一生要追随王阳明、护卫阳明的学说。难道这没有一点不可思议吗？没有一点传奇色彩吗？当然，我们无法知道，钱德洪第一次真正接触王阳明及其学说，具体是在什么时候（据他自己回忆，是在十七八岁的时候，但笔者觉得这不太可信）；他第一次听说王阳明这个名字，是一种什么样的状况。但大致可以认定的是，像王阳明以及绝大多数儒家人物一样，德洪也是从父辈的言传身教中成长起来的。因此，很有必要尽可能地了解他的世系及其家庭情况。

父亲钱蒙

在此必须先向读者们交代一下，由于有关钱德洪的第一手文献基本已经佚失，因此要想对德洪以及他的身世有所了解，就不得不依靠一些其他的文献资料。这些文献中，直接谈及德洪生平事迹的，莫过于上面提到的德洪《行状》和《墓志铭》。而要对德洪的父亲钱蒙作全面细致的了解，几乎是不可能的事，因为关于他的文献实在少得可怜。通观这些极其有限的材料，大致可以形成如下认识。

钱蒙年少多磨难，三岁时因病失明，十岁时父母亡故，但他不畏生活困穷，勇敢自力，等到他当家的时候，钱家的生活已经达到当时的小康水平，甚至可能算得上富足。有两点可以直接支持这种判断。第一，钱蒙能长期租赁甚至是购买瑞云楼，必须要有足够的经济来源。第二，钱蒙还是一位颇具音乐天赋和素养的人。据王阳明的另外一名弟子邹守益说："（钱蒙）好鼓瑟，按九徽为准，纵横上下，曲中音阶，尝自制杖箫，杖长七尺，纳箫于綮，兴至辄取而吹之，声振林谷。"钱薇也说他"学箫，箫能协律之谐"。可见以上说法，是持之有据的。由此可知，钱蒙的这一爱好，没有足够的物质基础那是不可能保持的。

钱蒙建议儿子钱德洪走读书应举的道路，同时让他修习朱子学。德洪刚刚十五岁，父亲钱蒙就要他外出读书学习，并意味深长地对他说："孩子啊！我还没有到五十岁，就感到身心疲惫、筋疲力尽。对于以前所爱好的技艺（如音乐之类），也感到索然无趣。但唯独这儒家的学问，是我一直珍视的，从不敢怠慢。你应该继承我的志向，勤加学习儒家的学问。你要知道，只有朱子能集儒家之大成，他是我做梦也在学习的光辉榜样啊！"德洪受到父亲的感染和教诲，他只有不负父亲的嘱托，专心修习朱子学，以至于梦中常常见到朱子。

对于儿子德洪拜入阳明门下一事，钱蒙不太放心，主要是怕耽误他的科举前途。钱蒙和王阳明应该比较熟悉，也颇有交往。从以下两点可以看出来：其一，钱蒙并没有直接反对儿子拜入阳明门下，相反，儿子的举动显然经过他的默许。这就表明，钱蒙对阳明的学说至少有一定的了解，也并不反感。其二，嘉靖三年（1524），阳明与钱蒙就"学习儒学（主要指阳明学）妨不妨碍科举"这个问题，进行面对面的讨论。讨论的内容，这里不便详说。值得一提的是，阳明似乎接受了钱蒙的建议，因为阳明下一年就要求钱德洪和另外一个弟子王龙溪一起赴京应试。由此可见，钱蒙一家和王阳明以及王门的一些弟子，颇有来往，这从钱蒙死后阳明学中人的举动也可以得到印证。

另外，钱蒙又被人称为"心渔翁"。对于这个称号，王阳明引"渔者歌"予以称赞，认为钱蒙虽然视力丧失，但心却不盲；罗念庵也认为，这个称号是钱蒙肆意于山水之间的人生写照，当可信从。不难说明，钱蒙颇得阳明学中人的称赞。不只如此，钱蒙除了旁通声律之外，还兼及诗文，特别是命数卜筮之道。这就很难得。从德洪写的《五代史吴越世家疑辩序》能够推知，钱蒙是吴越国武肃王钱镠的第二十六世孙。也就是说，如果此言确凿，那么钱家无疑是世居吴越之地的。

修习朱子学

依照前面的交代，钱德洪从十五岁开始，就正式修习朱子学，到他二十六岁拜阳明为师截止，刚好有十年的时光。可以说，少年时代的钱德洪，几乎就是在朱子学的浸染和熏陶下成长起来的。纵观人一生的整个学习历程，少年时期起着特别深远的作用。这一时期的经历和想法，往往会直接或间接地影响到以后的意念和行为。少年时期为何如此特别呢？翻翻歌德的《少年维特之烦恼》，大概就能知晓一二。当然了，钱德洪的少年，是不是和《少年维特之烦恼》的主人翁维特一样，情感丰富而细腻，观察敏锐而深刻，那就不得而知。我们所知道的是，钱德洪和当时千千万万的读书子弟一样，辛苦地外出求学，最主要的目的便是求取功名。

求取功名的一般前提，就是熟通官方指定的书目。据《明史》记载，明代科举的命题基本拟自四书（《大学》《中庸》《论语》《孟子》）和五经（《诗经》《尚书》《礼记》《周易》《春秋》）。早在洪武十七年（1384）所颁布的"科举定式"中就已经规定，四书要以朱子的《四书集注》为标准。因此，用心于科举入仕的士人们，一谈起官方规定的朱子学，那几乎都如数家珍。成长在这种知识氛围之下的读书人，修习朱子学那是正常的事、必然的事。对朱子学感到反感和不满，则要面临巨大的社会舆论压力和心灵冲击。正所谓"万般皆下品，唯有读书高"，这是当时人的一般心态。进一步，我们可以说，"众学皆下品，唯有文公高"。这里的文公，指朱熹。朱熹去世后不久，即宋宁宗嘉定三年（1210），就被谥号为"文"，故人称其为"朱文公"。

提到朱子，并不是偶然之举，更不是为凑篇幅。说白了，要了解明代的儒家人物，那都必须提到朱熹，以及朱子学。为什么这么说呢？因为在明代儒者的心中，朱子学无疑是权威，并且充满着神圣；从学术发展的连续性这一点看，朱子学则是他们思想上的乳娘。由上可知，朱熹去世才十年左右的时间，朱子的学说就开始被官方承认和接受，并展开一场影响深远的程朱理学官方化运动。这场运动，不断得到皇权和官方政府的支持，到明代中期以前，经过约三百年的开展和深化，基本已经固定为统治性的社会意识形态。因此，当钱蒙要求儿子走读书科举的道路时，想必钱德洪本人也认为这是自然而然的事；当父亲劝诫他要好好修习朱子学的时候，估计他也会觉得理应这么做。难能可贵的是，正因为钱蒙极其珍视儒家的学问，所以他对朱子学，并没有把它仅当作一块仕途的"敲门砖"。这从他对钱德洪教诲的情真意切，从他与王阳明辩论科举与学问二者关系的严正作风，都可以体会得到。

也就是说，端正修习朱子学的心态和动机，对于一位真正有志于儒家学问的士人而言，是十分必要的。父亲已经提示钱德洪这一点。如果他能够时刻谨记父亲的提醒，那么官方意识形态化的朱子学，在钱德洪心中就难以获得生长的土壤。在某种意义上来说，这不正好表明，钱蒙不是一个俗儒嘛！有读者可能不知道"俗儒"具体是什么意思。这个词语出自先秦儒家的最后一位大师——荀子。他在一篇题为《儒效》的文章中说道：有庸俗的儒者，有雅正的儒者，还有伟大的儒者。庸俗的儒者，只会奉承权贵，跟从大流，毫无志向，浅陋而迂腐。而雅儒或大儒，则与之相反。由此可见，钱蒙尽管算不上雅儒或大儒，但也绝不是俗儒。他毕竟还是有些见识的。

钱德洪父亲尚且如此，那他未来的老师就更不简单。严格地说，儒家自孔夫子开始，这一路下来，能算真正意义上的大儒，十个手指头绝对可以数过来。这当中，无论从修身齐家还是从治国平天下来衡量，王阳明都算得上一个。就是这样一位明代的大儒，他一生也脱离不了朱子学。毋宁说，王阳明的学说之所以有如此重要的地位，在某种程度上，正是因为他发展和超越了朱子学。要做到这一点，没有很好的朱子学的知识修养，那是无法想象的。这是个极其简单的道理，可要认真做起来却很不容易。对于王阳明是如此，对于钱德洪自然也不例外。

如前所说，钱德洪的少年时代，几乎都浸润在朱子学的氛围之中，王阳明则不完全如此。据王阳明的生前好友湛甘泉为他作的墓志铭所说，阳明先生爱好广泛，武术、骑射、辞章之学、佛老之学等，无不涉猎，有些方面甚至达到精通的地步。但是在他的青少年时期，朱子学无疑有着强大的吸引力。秦家懿先生的研究告诉我们，阳明的这些嗜好，并非先后发生的，而是经常性地同时进行。这也就是说，阳明的这些兴趣，似乎并不妨碍他亲近朱子学。阳明早年曾"遍求考亭遗书读之"，"考亭"，是人们对朱熹的另一个尊称。阳明不仅把所有能找得到的朱子的书都拿来认真阅读，而且他还亲身去实践朱子学所倡导"格物之学"。所谓"格物之学"，是儒家一直强调的实践工夫，源自于《礼记》中的《大学》这一篇。《大学》有著名的"八条目"，即"格物""致知""诚意""正心""修身""齐家""治国"和"平天下"。"格物"是针对为学的人自身来说的，它讲求要获得对事物的认知，就必须去接触事物。《大学》讲"致知在格物，物格而后知至"，就是这个意思。而对于"格物"，清代学者颜元解释得好，他说格物就是"犯手（动手）实做其事"。阳明就是这么做的，弘治五年（1492），也就是他二十一岁那年，阳明在父亲办公的地方，进行格物之学的实践，这就是历史上著名的"亭前格竹"。和他一起"格竹"的同伴，不久就宣告撤退，而阳明坚持七天之后，弄得自己身心疲惫、面容憔悴。但他始终没有格出竹子的"理"来，也没有获得让他满意的认知。此次经历之后，阳明对朱子学进行了重新的认识和反思。

由此对比，可见钱德洪对朱子学的觉悟，恐怕很难赶得上他的老师。但是这并不表明，对于日日诵习的朱子学，德洪缺乏自己的见解和思考。如果说王阳明是通过亲身实践之后，来重新认识和反思朱子学的话，那么钱德洪对朱子学态度的明显转变，似乎是从他接触王阳明的著述开始的。钱德洪与阳明学的邂逅，是由什么机缘开始的呢？从现存的可靠文献来看，应该始于偶读《传习录》。

与阳明学的邂逅

阳明先生具体是从哪一年开始创作《传习录》的，已经不得而知。或许，用"创作"这个词本身就不妥当。因为《传习录》并不同于《近思录》，后者是由朱熹和吕祖谦一起，反复简择、精心构思而成的；前者倒是和《论语》一样，由作者本人平时话语辑录而成。说白了，《传习录》就是阳明平日所说的话，经过选择、润色后的集合。而这个工作，是从正德七年（1512），即阳明四十一岁时开始的，主要由其妹夫也是他特别喜欢的徐爱来执行。六年后，徐爱不幸早逝，阳明的另一个学生薛侃，就将徐爱生前所辑录的《传习录》残稿以及陆澄和他新录的内容一起刻行出版，仍取名为《传习录》。这就是《传习录》问世的基本过程。

如今看到的通用本《传习录》并非它的初刻本，因为在该书流传的过程中，版本的形式有所变化，内容则有大幅增加。其中，钱德洪对《传习录》版本的最终确定，作出比较突出的贡献。这个在后面的内容中会详细交代。随着《传习录》的初次刻行，我们关心的是两个问题：第一，作为一种话语的辑录，王阳明本人对《传习录》的态度如何；第二，钱德洪何以在该书刻行的第二年，偶然就能读到。

关于第一个问题，目前恐怕难以给出翔实的解答。根据陈荣捷先生的研究和整理，一个和王阳明大概同时名叫冯柯的人，最早对《传习录》进行评点。不过他基本持以批评和反对的态度，这大概是因为这个冯柯，站的是朱子学的立场。所以对王阳明的一些说法，不怎么待见。而在所有的评点者中，最有价值的，可能要数同样是阳明学中人的刘宗周所著的《阳明传信录》。刘宗周不愧为阳明学殿军，他对《传习录》的认识，几乎无人能出乎其右。因此可以想象，《传习录》作为阳明的语录而面诸于世，王阳明本人以及他的弟子们，无不用心和谨慎。所以《传习录》初刻，应该是得到阳明的首肯。

这就直接关系到第二个问题：既然《传习录》在1518年8月便初次出版，那么为什么钱德洪在不到一年内的时间，就能够偶然地读到该书呢？必须说明的是，此时的德洪并非阳明的弟子，因此他能够接触到《传习录》，只能说明两件事情。其一，明代中期江浙地区的出版印刷业已经相当发达；其二，钱德洪当时所在的地区，阳明学的势力已经比较可观。这两件事都很好理解，毕竟彼时江浙一带经济昌盛，加之它又是阳明出生、长养之地，因此阳明的著述在该地区最容易流布开来，也最可能造成广泛的影响。

而此时的钱德洪，正好要在省城杭州府参加乡试（*古代科举考试中的地方性考试，一般在各省省城举行*）。钱德洪极有可能就是在杭州的这一段时间读到《传习录》的，特别是当乡试失败之后，他已经不再把科举之业看得那么重，转而以圣人学问为人生事业的重心。正当德洪比以往任何时候都渴慕成圣之学的时候，正当他在杭州城的大街小巷寻觅精神慰藉的时候，《传习录》适时地出现了。

二十四岁，正是求知欲强烈的年纪。钱德洪百无聊赖地东瞧瞧、西看看，不经意间，他拿起这本他以前没正看一眼的书，翻了起来。这一次的阅读体验，似乎并没有给他多大影响，更别说带来什么观念上的彻底改变。有人常说，一本书可以改变一个人的思想乃至于命运，这大概是从潜移默化的角度讲的吧。如果说一位读者偶然拿起一本书来读，那书就会对他产生巨大的冲击和影响，这种事情，恐怕比狮子座流星雨发生的概率还小。因为这既要看时机恰不恰当，除此之外，更取决于读者与书的交流程度。所以每当历史上有这种事情，人们都会津津乐道。

我们可以穿梭到 1865 年的德国城市莱比锡，为什么要来这里？因为正是在这个城市的某个旧书店，发生了这样一件人们津津乐道的事。这时的尼采刚满二十一周岁，还是莱比锡大学的一名学生。有一天，学习之余的尼采闲逛。在一家旧书店的废弃书堆里，他翻到一本封皮陈旧的书，仔细一看，书名叫《作为意志和表象的世界》（简称《世界》）。这个书名，可比钱德洪读到的《传习录》奇怪得多。于是，凭着直觉和一丝猎奇心，尼采翻开它。这一翻不要紧，一翻就翻出两个大名鼎鼎的哲学家来，一个是该书的作者叔本华，另一个就是后来的尼采；这一翻，谱写出西方思想史的一段佳话来，以至于今天讲到这个事情时，仍不免感到一些神奇。

试想想，《世界》被尼采翻到时，它已经出版有近半个世纪，而且此书在叔本华在世时，一直受到冷落，几乎无人问津。更何况，当时德国思想界的主流和权威是黑格尔哲学。何以年纪轻轻的尼采，不去追逐时髦，而会拜服在这废纸堆里的东西呢？这其中体现出尼采和钱德洪的同与异。相同点在于，他们都没有盲从于当时占据主导地位的思想意识，并且都在寻找自己的精神出路。不同处在于，尼采对黑格尔思想扬弃得更彻底，而他自身的思想探索，又正好在叔本华这里找到了指南针；德洪没有迅速接受阳明学说，他仍是以朱子学的眼光，来看待这一新生事物。这一点和尼采不太一样。

还有一种可能，那就是对于朱子学，钱德洪其实也并未完全服膺，因此当阳明心学出现的时候，他只不过是有所留恋、有所犹豫罢了。毕竟，不继续修习从小耳濡目染的朱子学，而去接受一种新的思想学说，作出这样的决定，的确需要一点时间。想必对于阳明早期弟子来说，大多数都有过德洪这样的经历。新生事物被接受，总需要一定的时间。这是亘古未变的道理。像尼采那样的，只能说是极少数、极特别的。所谓可遇不可求，或许就是如此。可见，成为一名合格的学者，不仅要在饱览群书的过程中慧眼独具，还需要保持自身独立的思考，不能盲从、跟风。

钱德洪读完《传习录》，可能会有感触，但没有引起"思想风暴"。他觉得这书里面所说的，和朱子学的内容有许多不吻合的地方，有些说法甚至是对朱子学的违逆。这让钱德洪一时无法接受和消化，他读完了就把它放下，若有所思、心有疑惑地走开了。

有读者会问，《传习录》到底讲的是什么？

《传习录》与阳明学

关于《传习录》

《传习录》的书名，"传习"一词取自《论语》中"传不习乎"这句话。朱熹在他的《四书集注章句》中将这句话解释得很清楚，"传"，就是受之于老师的意思；"习"，就是自己修习、熟习的意思。"录"，指该书的体裁是语录体。

其中主要记录王阳明以及他与弟子、友人的话语。那么，《传习录》这部书是怎么形成的；在它的形成过程中有哪些事情值得注意；它的结构形式有什么特点。这些有关《传习录》的基本问题，前面已经略有说明。这里，我们根据陈荣捷先生和吴震先生的研究成果，对以上问题再作一些必要性的说明。以确保读者对《传习录》这一部中国哲学史上重要的经典有所了解。

现今通行的《传习录》，分上中下三卷，置于《王阳明全集》（上海古籍出版社，1992初版）的开篇。它以隆庆六年（1572）刊刻的《王文成公全书》为底本。其实，这个《王文成公全书》，如吴震先生所说，是目前所能见到的有关王阳明著述的最好的版本，所以历来有关阳明著述的翻刻本、选集本乃至各种点校本，大多以此为底本。因此，就有必要弄清楚，《传习录》这三卷是如何成型的。

前面提到，《传习录》的第一位重要作者，是阳明的妹夫徐爱。徐爱去世之后，阳明的另外两位弟子——薛侃和陆澄——把他们新录的部分，和徐爱的部分放在一起，于正德十三年（1518）八月在江西虔州（今江西赣州）出版，这一年阳明四十七岁。这次出版的《传习录》，就是如今通行本的上卷。又称"初刻传习录"，以有别于后面的部分。该版本共收语录一百二十九条，其中徐爱录有十四条，陆澄录有八十条，薛侃录有三十五条。

《传习录》初刻后的第六年，即嘉靖三年（1524），阳明弟子时任浙江绍兴府知府的南大吉，在此版本的基础上增加八封阳明的书信，以"初刻本"为上册新增的书信为下册，两个部分合在一起刻于绍兴。这个版本，后世称为"续刻传习录"或"南本"。但是这个版本的情况比较复杂，它牵涉到钱德洪。原来在它的形成过程中，钱德洪曾经对"南本"进行删定，今天我们看到的这个部分，并非南大吉刻行时的原貌。据陈荣捷先生考订，阳明曾见过南大吉所刻的原本，钱德洪删定"南本"，是在嘉靖三十五年（1556），此时阳明去世了二十八年，"南本"已经出版刻行有三十二年。这就是今本《传习录》中卷的历程。

今本《传习录》的下卷，根据钱德洪的交代，原名为《传习续录》。它初刻于宁国（今属安徽）的水西精舍，时为嘉靖三十四年。第二年，钱德洪又重新予以编校，在湖北蕲春再次刻行。经过这次整理编校，《传习续录》共收有语录一百四十二条，除陈九川、黄以方、黄勉之等收录的部分外，钱德洪自己收录的部分也不少。同年四月，钱德洪在蕲春的崇正书院，将《传习录》三卷的成书始末一一作了交代。隆庆六年（1572），即十六年后，谢廷杰要刻行《王文成公全书》，特别约请钱德洪将阳明先生的《朱子晚年定论》这篇文章置于《传习录》下卷末尾。至此，今本《传习录》三卷基本宣告完成。

《传习录》的前世今生就是这样。由此可见，在《传习录》演变与编就的过程中，钱德洪的作用是不可替代的。尽管经过他的删改，现今已经无法看到《传习录》的原貌，但也不应就此一句话便判定德洪的功与过。然而通过这些行为，可以肯定的是：第一，德洪在阳明弟子中有着令人信服的资历和威望；第二，没有德洪的编撰工作，阳明其他的弟子也会这么做。正是因为如此，德洪自身对阳明学的理解与认识，其实早已融入阳明学及其文本当中。简而言之，阳明学理应包括钱德洪。而就整个阳明学这一思想运动来说，《传习录》便是其精神纲领。

《传习录》的重要性

那么，《传习录》是如何体现出阳明学精神的呢？在说明这个问题时，不得不从阳明波澜壮阔的一生中择取几个要点，予以必要性的解说。正德三年（1508），三十七岁的王阳明被贬至贵州龙场，《年谱》已经将阳明当时的困苦和艰险生动地记述下来，并为后人所知晓。正是通过此次经历，阳明对人生和学问有了一番彻悟。这一事件，历史上称之为"龙场悟道"。自此之后，阳明开始在贵州倡导他的良知学说。

可见，从"龙场悟道"到《传习录》的初次刻行，经过近十年的求索和发展，阳明学的基本话语和思想命题已经基本形成。《传习录》的出版，正式宣告阳明学的确立。而初刻本的《传习录》，从另外一个意义上讲，它也是对徐爱的一种纪念。从徐爱所记录的话语中，可以明显地体会到阳明学精神核心，即"心即理"和"知行合一"。这里，需要引出书中原文，以作说明。

关于"心即理"，徐爱问："至善只求诸心，恐于天下事理，有不能尽。"阳明回答说："心即理也。天下又有心外之事，心外之理乎?""心即理"是阳明学的核心命题，它意在指出，人心和天理本来就是一回事，不必以人心去配合天理，也不需用天理来救正人心。阳明实际上是在与朱熹对话，更是在更新整个宋明儒学的思维模式。因为归根到底，宋明儒学的使命就在于探究人能否成圣、何以成圣的问题。自从孟子提出"人皆可以为尧舜"之后，宋明儒者便自觉地当起孟子的信徒。

"知行合一"其实是阳明在"心即理"的背景下，对中国思想史上一个古老问题的解读。这就是"知"和"行"的问题。在阳明之前，关于知行问题便有"知先行后""行先知后"和"知行相须"等看法。宋代大儒朱熹对这个问题就相当重视，作了一系列的阐发。王阳明提出"知行合一"，当然也有与朱熹思想对话的意味。简而言之，从徐爱的记录来看，阳明反对将知行分作两事、割裂开来的做法，他认为"知是行的主意，行是知的工夫；知是行之始，行是知之成"，也就是说，知、行本来就是"合一"的。用阳明的话说，就是"知行本体原是如此"。

换句话说，阳明所谓的"知行本体原是如此"，是指在道德伦理的范畴下，道德意识和道德行为保持内在的一致，如此一来，道德活动才有价值、才能被认可。阳明自己说："我今说个知行合一，正要人晓得一念发动处，便即是行了。"道德意识的一念发动，道德行为便得到落实，这就是阳明所阐发的"知行合一"。反之，就会造成道德伦理的败坏和坍塌，"满口仁义道德，背后男盗女娼"。无过如此。

由此可知，"心即理"和"知行合一"的确立，表明阳明的思想已经有了自己的雏形。这一雏形，使得阳明的良知学说得以发展和完成，最终形成"致良知"的思想系统。因此可以说，"致良知"是阳明学的代名词。阳明自己也说："吾平生讲学，只是'致良知'三字。"其实阳明关于良知的讨论，从《传习录》中徐爱所辑录的部分开始，就有所表现，只不过后来越来越显豁、越来越详密而已。对于"心即理"和知行问题的表述也是如此。

由此不得不提及《传习录》中的一篇书信，它就是《答顾东桥书》（又叫《答人论学书》）。该书信是王阳明在嘉靖四年（1525），答复顾东桥时所写。如果说阳明学的思想核心见之于《传习录》的话，那么《答顾东桥书》便称得上是《传习录》的"精华版"。对此，佐藤一斋早已有所提示，他称赞此书"拔本塞源，辩论痛快，使人惭伏无辞也"。钱穆先生更是提请凡是研究阳明学的人，都应该注意《传习录》中的"拔本塞源论"，把它当作阳明学的主要题目。《答顾东桥书》可以说是打开《传习录》这部精神秘籍的一把钥匙。这一点恐怕是没有疑问的。因为它确实精练地表达阳明良知学说的理想，在万物一体之仁的情境下，从内圣到外王的各个层面，无不一一达到。

《传习录》与钱德洪

现在可以简要梳理一下，在钱德洪受业于王阳明之前，阳明学发展过程中的几个历史节点。正德三年（1508），王阳明"龙场悟道"；四年，始论知行合一；八年，门人从游始众；十二年，徐爱病逝；十三年，薛侃刻行《传习录》；十四年，钱德洪偶读初刻本《传习录》，不相契合；十五年，王艮归服阳明门下；十六年，阳明始倡良知学说，钱德洪率众师事。可知，从偶读《传习录》的不相契合，到率领众人师事阳明，其间的态度转变十分明显。就德洪本人而言，这种转变为何会发生，需要给出尽可能合理的推论。毕竟，当初读到《传习录》时，思想中所产生的不适，在德洪书面的言语中似乎并没有什么表现。

从前面的说明中可以看到：一方面，钱德洪当初所读到的《传习录》，只是由徐爱、陆澄和薛侃三人所录，而且以徐爱的辑录为主，主要反映阳明学初创时期的思想形态。换句话说，作为阳明学宗旨的良知之教，在初刻本的《传习录》中，主要还处于孕育状态，表现得很不明显。因此对习惯于朱子学话语的那些儒生们来说，碰到这些表面上相似、实质上却不同于朱子的说法，当然会感到不适和怀疑。另一方面，王阳明是在《传习录》刻行后的第二年，才真正开始倡发良知学说的；也就是说，阳明自己似乎也感到有这个必要，所以他在审视《传习录》后，特别着意阐发其良知学说，以公诸于学界。可能正是在这一情况之下，钱德洪从此推服阳明的学问，产生师事的愿望。

钱德洪这个愿望，在阳明《年谱》以及他本人的《行状》《墓志铭》中，都有所反映。据《年谱》正德十六年九月条记载，德洪听说阳明先生在江西讲学，就已经很想拜他为师，然而家乡的同志们对此却很狐疑，但钱德洪却深信不疑，并且力排众议，亲自率众受业于阳明。而《行状》和《墓志铭》的记述却很一致，也很简要：阳明平定朱宸濠的叛乱回到余姚之时，德洪才定决意师事阳明。这前后两种说法，虽然没有什么大不同之处，但其中又有一些微妙的地方，应该细心体味。

由于阳明《年谱》是钱德洪所编定，因此其中谈到他和阳明交往的活动，往往被描绘得具体而生动。就以上述事件来说，阳明《年谱》告诉我们，德洪归服阳明的心愿由来已久，而且十分果决。与之相比较，《行状》和《墓志铭》的说法却显得极为简单，其中还折射出德洪在拜师的问题上产生过思想斗争的意味。这前后的说法一经比照，便可以看出当中的"蹊跷"。那就是后者比前者的客观性更强，而前者比后者更能体现叙述者自身的情感内容。这是从不同角度记述同一历史事件的一般情形，没有多少值得奇怪之处。倒是有一点不能遗漏，即不能忽视在上述转变过程中，德洪自身的反思作用。

宋明理学家一贯强调在学问道路上反思的重要性。这里还以朱熹为例，他就曾明确主张，学者要半日读书，半日静坐。这是他亲身的实践，并非只是口头文章。理学家们也基本都是这样做的。这里所说的"静坐"，大体从事的就是反思、反省的工作。孔夫子说过，"学而不思则罔，思而不学则殆";宋代儒者程颐也讲,"涵养须用敬,进学在致知"。也就是说,在问学求道的过程中,学和思、涵养和致知,两者均不可偏废,要同时兼举。这里表现的其实就是儒家对为学工夫的要求,以上所说的"思"和"涵养",便属于反思、反省的范畴。它偏向于主体内在,因而也可以统称为"向内的工夫"或"内在工夫",也可以视之为儒家讲的"内圣"。

钱德洪从小便浸染于宋明儒学的成长环境之中,故他对儒家的这套工夫,不可能陌生。由此可以想象,读罢《传习录》之后,他也会像往常读完《论语》或《近思录》那样,反复涵咏、静默反思。说不定,通过自己的体认和省悟,他不久便发现这个《传习录》,已经颇能合他的心意。这和当初阳明在龙场的悟道,性质上没什么两样。要知道,宋明儒学在其创发伊始,就有这样的传统。而对于宋明儒学来说,这种传统除了儒家自身的因素以外,还有赖于对佛教思想的吸收。

这种偏向于涵咏工夫的儒者,以程颐的哥哥程颢为代表。程颢有一首叫《偶成》的诗,将这种涵养和思的工夫表现得淋漓尽致,他写道:"闲来无事不从容,睡觉东窗日已红。万物静观皆自得,四时佳兴与人同。道通天地有形外,思入风云变态中。富贵不淫贫贱乐,男儿到此是豪雄。"

程颢此诗,"自得"二字最要珍视。儒家的学问,强调的是"为己之学"，因此它要求学者要"学贵自得"，不能失去内在的心性，一味追逐外在的东西。"为己之学"不是只为自身设想，只求一己私利；而是"生命的学问"，为安顿人的内在精神而求索，使人有其自得之乐。《偶成》一诗，是程颢被贬洛阳时所作，但诗中无不表现儒家的自得精神和儒者超迈的人格修养。

关于这一点，现代新儒家的代表人物牟宗三先生有不少体知和洞见，可以阅读他一本名为《生命的学问》的小书。这里之所以引出对儒家学问工夫的介绍，无非是要说明一点，那就是千万不能忽略反思、省悟之于钱德洪的重要性。我们更愿意相信的是，偶读《传习录》的经历，使得德洪进一步反思自己以往所接受的思想传统，并从中产生认可良知学说的强烈愿望。从这个层次上看，《传习录》之于德洪，与《作为表象和意志的世界》之于尼采，有着同样的意义。至于说德洪在拜师阳明这件事情上是否曾经犹豫不决、徘徊未定，并不是问题的关键。并且，由于父亲在这件事上持不同意态度，因此德洪有所顾虑，这也是事出有因、情有可原的，不能以此就怀疑德洪对阳明学的诚恳。

第3章

与王阳明的交往

　　钱德洪真正开始追随阳明、成为阳明学的一员，还要从他拜师之日算起。正德十六年（1521）六月十六日，王阳明奉刚即位的嘉靖皇帝的旨意，回京任职。经过钱塘时，他便上疏嘉靖皇帝，提议顺道回绍兴省亲。这一恳求得到允许。七月二十八日，朝廷将他升职为南京兵部尚书。九月，阳明回到余姚省祖茔，阳明《年谱》是这样记载的："王阳明归省祖茔，访瑞云楼，在那里，他指着自己昔日出生的地方，忍不住眼含泪水，久久难以平静。他为母亲在世时没有得到自己的照料而悲痛，也为祖母去世没有得到收殓而痛心。在家乡期间，阳明时常与宗族兄弟以及亲朋好友相聚，并不时揭示他的良知学说。"

拜 师 始 末

　　阳明的母亲郑氏，在他十三岁那年去世，年少的阳明为此事"哭泣甚哀"。如今，阳明也可算得上功成名就，他的出生地瑞云楼，已经成为人们瞻仰的地方，人所周知的"名人故居"。可在阳明眼中，这些声名并不值得骄傲。他为自己没有对母亲和祖母尽到孝道而感到悲痛和惭愧，他心中更难受的原因还在于，父亲王华也垂垂老矣，疾病缠身，似乎将不久于人世。而此时的阳明，虽然结婚已有三十多年，但还没有子嗣。"不孝有三，无后为大"，尊奉儒家伦理观的士人，没有不把它视作金科玉律、不可违逆的。由此可知，对于回乡省亲并且已到知天命之年的王阳明而言，亲情是何等的弥足珍贵，何等的令人感伤。

　　但是，思想巨人之所以是思想巨人，就在于面临危难重任，他能够举重若轻、勇于承担。面对亲情的遗失，阳明积极应对，他选择与亲族弟兄以及亲朋好友交游，以倡发自己的良知学说。阳明此举十分睿智，这既符合他的性情，又能增进亲族、朋友情感；更为重要的是，它能使良知学说得到传播和接受。

　　就在阳明与众人在家乡的山水间交游论说的时候，钱德洪闻讯赶来，而且并非孤身一人。德洪发动和带领数十人前来，拜在阳明门下。这些人中，有他的两个侄子，还有他的朋友郑寅、范引年等人。可以想见，德洪此举并非毫无准备。因为在此之前，他本人就曾独自潜伏在阳明的听众队伍之中，并对阳明的学说"深信之"，所以他才会劝服亲友，一起拜阳明为师的。

据《王阳明弟子杂考》的研究，仅在这一年间，投入阳明门下的弟子就将近百人，仅余姚籍弟子，除我们后来所熟悉的徐爱、王龙溪和钱德洪之外，还有钱应元等五十多人。由此能够表明，阳明的良知学说在他的家乡取得广泛的认同和响应。正因为如此，浙江中部一带才成为阳明学的大本营。在这个大本营里，阳明自然是统帅，而王艮（原名王银，后经阳明改为"王艮"）、德洪、龙溪等，则是其中的主将（徐爱英年早逝，故不算在内）。以上三大主将，来投阳明的时间似乎以王艮最早，是在正德十五年九月；德洪次之，为一年以后；龙溪最晚，至嘉靖二年（1523）才请求终身受业。

古代的士人重视师道，并非动不动就拜师，像王艮这样的绝对是极少数。一般的情况是，从开始受教于某一老师到真正完全拜入其门下，往往需要一段不短的时间。比如龙溪，其实在他请求终身受业之前，就已经拜过阳明。据彭国翔的研究可以推断出，德洪和龙溪是阳明回到浙江后收入的首批弟子。从具体时间上看，龙溪稍比德洪晚些，但绝不会晚于嘉靖二年，即他请求终身受业的时候。

阳明这三个弟子归服的际遇，都是很有意思的。在进一步谈本书的主人翁钱德洪的际遇之前，有必要先把"二王"（王艮和王龙溪）的情况说说。这为了解王门的学派面貌，有一定的帮助；也为认识钱德洪，增加了横向的说明力度。

王艮（1483~1541），原名王银，又名王心斋，字汝止，泰州安丰场（今江苏安丰）人。王银不像阳明，出生于官宦世家，他的父亲是煮盐的灶丁，因此，王银算得上地地道道的一介布衣。据《王心斋先生年谱》记述，王银最初得知阳明，是从一位叫黄文刚的私塾老师处。一日，黄文刚听到王银讲解《论语》首章，便说道："阳明先生的看法和你的相似啊！"对此，王银感到颇为惊讶，因为在他看来，如今的儒家学子们都沉溺于中科举、做大官，已经没有人再关心儒家学问的真谛。如今竟然有学者与他有共同的学术志趣，狂放不羁的王银压制不住心中的喜悦和兴奋。他决定去会一会这个叫王阳明的人，看看他是不是如自己所想象的那般，"无以学术误天下"。王银于是买舟南下，继而西行，到达江西南昌（当时阳明在南昌）。

来时途中，王银梦见自己在某个亭下拜阳明为师。阳明听闻王银来访，便把他请入一个亭中，王银一眼望去，此时此景，"宛如梦中状"，他对阳明说道："我在来这里的途中，梦见在这个亭下拜您为师。"阳明回答道："真人无梦。"王银又说："孔夫子为何会梦见周公呢?"阳明说："这就是孔夫子的真处。"谈到这里，王银有点心动，他想弄清楚阳明对儒家学问是否有真知灼见。于是他们又对谈下去，直到阳明揭示出良知学说，王银已经感到阳明的学问"简易直截，予所不及"。也就是说，他认同阳明的良知学说，并且感到自己的不足。从而诚心拜服在阳明门下。

不久，王银离开阳明，来到自己的住所。他思索阳明的讲法，认为与自己的看法还是有不相契合的地方，他感到不应太轻易就信服。于是王银又找到阳明，反复辩论，直到将所有的疑虑消除为止。这下王银终于算是彻底信服，他作出"竟下拜，执弟子礼"的举动。到王银回家之时，阳明感叹地说道："这个人（王银）才是真正要学以成圣的人，他该疑就疑，该信便信，一丝不苟，你们都还不及（他）啊!"或许正是因为王银能行能止，因此阳明觉得"银"字太俗，便把"银"改为"艮"。"艮"就是止的意思。

可是，让阳明万万没有想到的是，他这位能行能止的高徒，后来主要是在"行"的方面展示出惊人的天赋，并没有什么"止"的迹象。据阳明《年谱》记载，当初在求见阳明时，王艮就表现得狂放不羁、意气甚高。他穿戴自制的怪异行装，门人不让他进见，他便赋诗两首，以为依凭。他行为古怪、行事随性，完全不符合传统儒者的形象。特别是阳明去世之后，王艮的讲学热忱异常高涨，他的讲学活动范围很广，影响也很大。以至逐渐形成自己的学派，这就是著名的"泰州学派"。泰州学派是阳明学的重要组成部分，对阳明学的影响值得关注。这一点黄宗羲早就有所注意，后来的学者也多有研究，在此不必多言。总之一句话，以王艮为代表的泰州学派，既使得阳明学风行天下，也为阳明学的衰亡埋下祸根。

但眼下正是阳明学蓬勃发展的大好形势，就如茂密树林中的雨后春笋一般。第二年，王艮又奔赴南昌，会见他的老师阳明。因此正德十六年（1521）注定是阳明门徒齐集的时节，这一年的五月，阳明门人集合于九江白鹿洞；九月，德洪带领众人拜师于余姚龙泉中天阁；十二月，王艮二度从三千里之遥赶来相见。正德十六年更注定是阳明繁忙而快慰的一年。这一年，新君初立，阳明的政治功绩受到朝廷的肯定；学友的来访、书信的往返，填满了政事以外的每个空间。除此之外，还有一件事也是阳明乐意去忙的。这就是寻得自己中意的门生王畿。王畿的拜师经历，颇具传奇色彩。

王畿（1498—1583），字汝中，别号龙溪，与阳明为同郡同宗人。也就是说，龙溪和阳明一样，都是王羲之的后人。而且，龙溪也是出生于官宦家庭。从这个意义上说，龙溪与阳明之间关系的优越感，是其他弟子所无法体会的。或许正是出于这层关系，使得阳明更加想把龙溪诱入他的门下。

这个"诱"字，颇有意味。"诱"有"骗"的色彩，但"骗"是虚情假意，"诱"则可能包含真情实感。"诱"，一方面说明阳明是主动的；另一方面更表明王龙溪具备相当好的学术素养和资质，用佛家的话来说，这龙溪就是阳明眼中的"传道法器"。《龙溪先生墓志铭》用"英迈天启，颖悟绝伦"这八字来形容龙溪，足见他的确异于常人。面对这样优秀的学术后辈，试问哪个老师不会心动呢。孔夫子讲，人生有三大快乐的事，其中一件，就是"得天下英才而教育之"。如此看来，这个道理自古到今都没有改变。

"诱"需要技巧，不能直来直去。阳明深知此理，于是他对龙溪实施多方诱掖。当然了，阳明自己不会直接参与其中。据《明儒学案》等记载，那时的王龙溪，年少得志，任侠轻狂，整日流连于酒馆和赌场。这时候，阳明弟子中有一个叫魏良器的，阳明派他秘密前去，与龙溪一起喝酒、赌博，借机予以劝诫。如此反复的交往，龙溪终于意识到学问的真正所在。为此他求见阳明，见阳明眉宇不凡、谈吐有道，便拜称阳明为老师。

等到龙溪奔赴京城参加礼部举行的会试，却没有取得成功的时候，他感叹地说道："学问贵在自得，我不应该在这个名利场上生出种种得失心。"通过这个事情，王龙溪获得觉悟。他立即烧掉朝廷所给的各种车马票据和凭证，回到家乡余姚，并决定放弃科举前途，一心在阳明门下倡明儒家的学问。这一年，龙溪二十六岁。自此，他此后的整整六十载光阴，几乎都献给阳明学（**龙溪死于万历十一年，即1583 年**）。

钱德洪也是在科举遭受挫折的时候，才有所省悟，并逐渐走上阳明学的道路。同样，也是在二十六岁这个年纪，钱德洪决定拜阳明为师。前面提到，他带领数十人来投阳明，这不可谓不是王门的一大盛事。那么，德洪拜师的具体情景如何呢？由于文献有限，现在已经无从知晓。然而，可以料到的是，尽管钱德洪能发动亲族朋友，但他的老父亲、这位人称"心渔翁"的钱蒙，却正为此而担忧；我们也可以想象，不论拜师的仪式是隆重还是简朴，德洪恐怕都想向阳明坦露自己的心迹。

这个心迹，就是他这一路以来，从刚开始偶读《传习录》，到后来独自探听良知学，以至到如今决定追随阳明的心路历程。当然，这当中更包括他对良知学说的关切。钱德洪的心迹是如此，恐怕龙溪的也很类似。所以，当阳明回到余姚时，德洪便率领王门同道数十人，把龙泉寺的中天阁清扫出来，请阳明升座开讲。这一次的王门聚会，据后来的记载，并不见龙溪的名字。或许，此时的龙溪，还是那个流连于酒馆和赌场之间的龙溪，即使他知道此事，也没有什么兴趣，更谈不上来参加。

余姚的龙泉寺，照今天人们来看，那是一个佛教场所，作为儒学之士的阳明怎么会去那里开坛布道？这其实一点也不值得奇怪。要知道，在阳明身处的时代，儒家的知识分子基本都有佛家和道家的素养。用学术一点的话讲，他们其实都有"出入佛老"的经历。对佛教和道家的理论和理念，都有所了解。就以朱熹来说，他年轻的时候就曾迷恋过佛教；而阳明更是夸张，大婚之日竟然跑去和道士谈经论道，以至彻夜未归。可见，在朱子、阳明这些人看来，他们本来就对佛、道二教有好感，因此，阳明在龙泉寺讲学、传道，并没有什么不妥。

不仅如此，据阳明《年谱》记载，在接下来的几年内，这个龙泉寺成了王门聚会论道的固定场所之一。阳明还为龙泉寺的讲会立定会约，规定讲会的时间、形式和内容。这是阳明学讲会运动中最早的会约，因此有其特殊的意义。有的读者可能不太清楚什么是"讲会"，说白了，讲会就是一帮学者在一段时间内聚在一起，为某些关心的问题发表演讲或共同讨论。性质上有点像今天所谓的"研讨会"或"研习营"。但有一点必须明白，那就是"讲会"的学派意识很明显，它在该学派内部，具有相当可观的号召力，以至于会形成"讲会运动"。

在龙泉寺的这次讲会中，钱德洪把他最为关切的问题和盘托出。这个问题，也是王门弟子都很感兴趣、很关切的。那便是："到底如何来认识或理解良知？"德洪这么一问，阳明看着众人恳切的眼神，说道："知乃德性之知，是为良知，而非知识也。良知至微而显，故知微可与入德。"阳明的意思是说，良知是内在于每个人的道德品性，它是人所固有的东西，而不是对外在事物的具体知识。良知这个东西，它通过隐微的方式显现出来，只有认识到良知无时不在、无处不在，才会培养起我们自身的德性。

阳明这么一答，大家顿时有所感悟，纷纷如大梦初醒一般。可见，阳明对良知的解说，消除了众人心中的不解与疑惑。自此，良知学说更被人们所接受，德洪也得到阳明的认可。在阳明门下，德洪将被委以重任，也是理所应当的事。正德十六年的这次讲会，为日后龙泉寺讲会的常规化打下良好的基础。

至此，稍加回顾就不难知道，最早接触阳明学时，王艮是由私塾先生处碰巧得知，龙溪是被阳明诱入门墙，而德洪则几乎属于偶遇。三者的际遇颇有不同，然而它们都说明一个问题，那就是阳明学的发展，已经十分迅猛。

师门下的"教授师"

通过新开辟的龙泉寺讲会，钱德洪得到阳明的认可，并逐渐赢得同门的一致信任。想必德洪本人也会为此感到高兴，或许还有一点点的成就感。毕竟，得到师友的肯定，谁也不会认为是一件坏事。然而事实上，却真有这么一个人，为此而担忧、焦虑和害怕。这个人不是别人，他就是德洪的父亲、"心渔翁"钱蒙。

本来，钱蒙对儿子热衷于阳明及其学说，就感到不太满意。现在德洪竟然独自去找阳明，并带着亲族朋友一起，前去拜师，这更使得钱蒙让儿子专心于科举的愿望就要落空。钱蒙似乎打算做点什么，以挽回儿子的心。嘉靖元年（1522），即拜师后的一年。这年的七月，德洪去省城杭州参加乡试，并一举中的，这让钱蒙那忐忑不安的心多少放下些。

然而钱蒙也许不知道，据阳明《年谱》记载，就在要去参加考试之前，德洪还特别地跑到阳明那里，向老师请益，并与他道别。阳明对德洪说："你心中要常有舜和禹那样的气魄，拥有天下却不是通过强取豪夺来获得。"之所以说这句话，阳明是想借用孔夫子在《论语》中的话，来告诫德洪，不要为一时的功名利禄而丧失自身的德性。对老师的话，德洪深为赞同，牢牢记在心里。

第二年的二月，钱德洪千里迢迢奔赴京城参加会试。由于此次考试的主考官是蒋冕，属于朝廷中反对阳明的一方势力，因此名义上是策问对答，其实暗含着对阳明以及学说的中伤和污蔑。他们的目的，就是要借此排斥和打击阳明与阳明学。德洪意识到这背后的意图，这时他想起老师的教诲，感到时事不轨，愤慨难忍。可想而知，由于蒋冕一心想要打压阳明学派，加上德洪又坚持维护老师，所以这次会试，不出意料地德洪最终名落孙山。

据《明史》和阳明《年谱》的相关记载，嘉靖二年的会试中，虽然钱德洪没有获得一官半职，然而与他一起会试的同门中，有一些人还是挤进任官授职的行列。这些人中，就有王门著名的人物欧阳德和魏良弼。与钱德洪的做法不同，面对当时的形势，此二人大胆直截地阐述出阳明学的宗旨，毫无顾忌。或许正因为如此，蒋冕不得不对他们有所忌惮，朝廷中支持阳明的势力也会为他们撑腰。如此看来，尽管形势不好，但阳明的弟子中仍有不少进入官僚阶层。这对阳明学的发展来说，是十分有利的。

翻阅明代中期的官员名册，就会发现，其中有不少高官要员，要么是阳明的弟子，要么与阳明相友好。比如说这次会试被录用的欧阳德，后来就官至吏部左侍郎（相当于现在的人事部副部长），并主持了嘉靖二十九年的会试；再比如说与阳明相友好的徐阶，一度位居内阁首辅（相当于现在的国务院总理），可谓"一人之下，万人之上"。这种有利因素，既为阳明学的兴盛提供重要的助推，同时，也刺激朝廷中的反对势力不断滋长。

据阳明《年谱》记载，会试后回到家乡，钱德洪不为自己没有取得一官半职而遗憾，而且，正因他的种种举动，让阳明感到十分欣慰。他听闻德洪已经回来，就高兴地前去迎接。阳明拉着他的手，激动地说："儒家成圣的学问从此可以大明于天下。"德洪觉得十分奇怪，他询问道："老师啊！时事不轨，圣人的学问何以见得能够大明？"阳明告诉他说："我们儒家的学问，怎么才能遍布天下读书人的心中呢？如今会试所录取的范围，即使是处在穷乡僻壤，也没有不达到的。我们既然批判正统思想，提出自己的学说，那天下的读书人，一定会注意到的。而且，他们还会一探究竟。"老师这么一说，德洪恍然大悟。

钱德洪的心是安了，可是他的老父亲却再也按捺不住。

眼看着儿子马上就要闯过最后一关，然后封官授职，列为人臣。就在这节骨眼上，却还是被阳明给"害"了。钱蒙决定亲自去质问阳明，看看他的葫芦里到底卖的是什么药，以至于把他的儿子给迷得神魂颠倒，竟要放弃科举的前程。这一段时间，德洪正日夜侍候在阳明的身边，时时聆听着老师的教诲，并向他请益。而从各地赶来的人也越来越多，加起来竟达好几百人。他们之中，有一心来拜师的，有来辩论的，也有只是来凑热闹的。

不管怎样，此时阳明讲习之地真是好不热闹。前面所提到的王门几个重要的弟子，如王艮、王畿、欧阳德、南大吉等，都先后来到。此外，还有邹守益、黄弘纲等，都齐集讲学的馆舍。王门如此兴盛，大家感到有必要再开辟新的场所，以适合讲学和论道的需要。因此，在嘉靖三年（1524），阳明和门人又开辟稽山书院，作为新的专门的讲学场所。据阳明《年谱》记载，彼时"盖环坐而听者三百余人"。

在这段时间内，阳明学发生了一件重要的事。这件事与德洪也很有关联。谈这件事之前，要补充一个事情，那就是在相继来到的数百人当中，有一个人，显得有些"不合时宜"。这个人就是钱蒙。因为他可不是来听阳明讲学，而是专门来讨说法的。在钱蒙看来，如果一味纠缠于儒家的圣人学问，那就会耽误科举和前程。据记载，钱蒙虽然一心要找阳明理论，但阳明是个聪明人，并没有与之正面交锋。这个时候，魏良器又被阳明派上场，并且再一次取得不错的结果。

正当钱蒙找到儿子德洪，告诫他不要荒废科举之时。魏良器和他的兄弟魏良政等人，邀请德洪去游览"大禹故居"等当地名胜古迹，以至于玩了十天，还没有返回的意思。德洪性格拘谨，看到魏良器他们"玩物丧志"，就问道："多谢你们带我出来游览，但是这难道不会影响你们的科举事业吗？"魏良器他们笑着说："我们无时无刻不在修习科举事业啊！"德洪又问："家父曾说，阳明的心学固然可以触类旁通，但这就表示不需要理会朱子的学说吗？"魏良器和魏良政一同回答道："用良知学说来理解朱子的东西，就像打蛇打到七寸一样，哪还要担心没有收获呢！"德洪一听，觉得是这个道理，就回去把这些话告诉了父亲。

对此，钱蒙极为不安，但稍过片刻，好像也有所理解。说来，钱蒙和王门师生毕竟相熟，对阳明学也知晓一二。然而，一想到儿子的科举前途，他还是放不下心。钱蒙决定亲自去问问阳明，这学问之事到底会不会妨碍科举前程。阳明为彻底打消钱蒙的顾虑，先说了八个字："岂特无妨，乃大益耳！"意思就是说，一心搞学问不但不会妨碍科举，还有很大的好处。接着，阳明打了一个生动的比方。听了这个比方之后，钱蒙悬着的心才终于放下来。

阳明跟钱蒙打了个什么比方呢？阳明说道：学习圣贤的东西，就如同经营和管治家族。田产、住房、吃穿和物件等，都需要自己来操办。等到家里要请客，就可以把这些财物与客人一起分享。客人走了，这些财物还在，自己还可以继续享用。这些财物，如果不自己操办，而跑去借贷。那么即使很荣幸有客人来，看到丰饶的物资而满意；但是客人一旦离去，则所有借贷来的东西，都要全部归还别人，没有一件东西是属于自己的。更糟糕的是，如果去请客人，客人却没有来，则终生奔忙于借来还去，对于自己毫无益处。

阳明把科举比作请客，把学问比作治家。他认为学问如同治家，讲究的是自得，不以客人的来与不来，而决定自身的有无。也就是说，倘若学问真正出于自得，那么科举顺不顺利，都不会有所影响。反而，如果学问有得，那么对科举也将产生益处。由此可见，阳明的比方确实形象又深刻。从此，钱蒙再也没有什么顾虑。阳明学这种"打蛇要打七寸"的学问方法，给他留下深刻印象。

随着德洪在王门的声望日益增加，阳明开始让他协助讲学和传授。这意味着，德洪已经成为阳明门下的"教授师"，时在嘉靖五年（1526）。也就是说，德洪是阳明门下的老师。那些初入门或者刚刚来投的弟子，大都需要经过德洪的引领和教导。跟随德洪学习一段时间之后，经过考量和评定，才能直接当面请益于阳明。德洪在王门中的重要性，可见一斑。其实，德洪能取得这个成绩，基本是他自身努力的结果，因此成为"教授师"，也是水到渠成的事。

阳明门下被视为"教授师"的人，并非只有钱德洪一个。在浙江，与德洪同作为"教授师"的，还有王龙溪。在王门弟子中，龙溪和德洪一样，是不能不重视的人物，甚至有过之而无不及。因为完完整整地见证阳明学从兴起、盛大到分化的人，除了龙溪，似乎找不出第二个。而且这个龙溪，还与本书的主人翁德洪关系密切，他们俩共同参与王门中许多重要的思想事件。比如说一同在京城罢试，而后又一同担任"教授师"，一同参与"天泉证道"和"严滩问答"，还一同处理阳明的后事，等等。下面要着重说的"天泉证道"，就是其中有名的事件之一。

"天泉证道"

嘉靖三年（1524）的中秋节马上就要来到，"大礼议"事件还在朝廷上继续发酵。王门弟子中有不少人对此事颇为关注，于是他们想问问阳明的看法。阳明是个有政治远见的人，对于此事，他避而不答。其实，阳明的这种处理方式也是无奈之举。因为阳明本人包括他的许多弟子，都身居要职。这次"大礼议"事件，他的门人也卷入其中，并深受其累。阳明不想因为政治争斗，影响到他的学术事业。所以每当门人询问此事，他都沉默不语。

表面看上去，嘉靖初年的"大礼议"，只是一场政治事件，其实它也牵扯到道德伦理的讨论。所谓的"大礼议"，原本就是由如何处理"亲亲"和"尊尊"的问题引起的。正德皇帝没有儿子，他死后，兴献王的儿子朱厚熜入继大统，这就是嘉靖皇帝。嘉靖皇帝登基不久，就和内阁权臣讨论自己亲生父亲兴献王的尊号问题，这一讨论，开始了长达三四年的政治论争，这就是明代历史上著名的"大礼议"事件。在这次讨论中，如张璁、桂萼等权臣，就是因为支持嘉靖皇帝，而得到重用的。其中，支持嘉靖皇帝的官员当中，还有黄绾、方献夫等阳明门下的弟子。

所以对于"大礼议"，阳明不可能无动于衷。他有自己的明确态度，只是出于种种考虑，不好有所表示或表示得明显罢了。这就是阳明，朝廷上闹得沸沸扬扬，他却洁身独处、悠然自得。他在书房把笔一挥，写成一篇《自得斋说》，众门人一看，无不赞叹老师的学养和品格。

人们常说"十五的月亮十六圆"，可这一年的中秋节，月亮格外圆，也格外地亮，把原本漆黑一片的夜晚照得如同白昼。阳明意兴大发，和门人来到天泉桥（关于天泉桥的地点，有的说位于阳明府内，有的说在附近）。他命人在桥边的碧霞池上设席摆宴，与大家把酒言欢。酒宴之后，大家又玩闹很久，有玩投壶的，有打鼓的，还有划船的。阳明见大家如此尽兴，就端坐在那里，有感而发，作了两首诗。其中有"老夫今夜狂歌发，化作钧天满太清""铿然舍瑟春风里，点也虽狂得我情"的句子，足见阳明的"狂者精神"。然而，阳明并不满足于做一个狂者。第二天，阳明向弟子吐露心声：他并不止于狂，要超狂入圣。

所以说，我们要理解阳明的追求，领会阳明学的精神，就要用心在这"超狂入圣"四个字上。阳明说要"超狂入圣"，并不是随便说说。因为实际上，他一直在思考着如何进行儒家成圣的学问。只不过缺乏恰当的时机，他还不好向门人或友人直言而已。试想想，像中秋节晚宴这样的情境，阳明是不会索然无趣地当场说教的。在他看来，学问不是说教，随机说法才是适宜之道。这是阳明从佛家、特别是从禅宗那里悟出的道理。

禅宗六祖惠能大师讲，"菩提本无树，明镜亦非台。本来无一物，何处惹尘埃"。这是他众人皆知的得道法语，而不是阐发佛理的案头文章。同样，阳明揭示阳明学宗旨的"四句教"，所谓"无善无恶心之体，有善有恶意之动。知善知恶是良知，为善去恶是格物"，乃是他与弟子在一起时，脱口而出之语，并非故意准备的训示。

也就是说，这些著名的思想，它们的产生和接受，当然需要一个过程，但似乎也不能缺少某种机缘。试想一下，如果没有神秀大师所作的偈子（一种佛教唱和诗）的刺激，那惠能的偈子再惊世骇俗，恐怕也只能烂在肚子里。神秀的偈子说："身是菩提树，心如明镜台。时时勤拂拭，莫使有尘埃。"神秀的这首偈子，是在五祖弘忍大师授意之下而作的，而惠能的偈子，则产生于知道神秀的诗以后。而两首偈子都很重要，代表禅宗的顿悟和渐修这两种思想。中国禅宗的历史上，从初祖菩提达摩到近代的虚云大师，有数以万计的偈子，但这两首却都很有名，都令人津津乐道，确是很少见的。

有人禁不住要问：无缘无故的，为何要牵扯禅宗的一套东西？其实，不是无缘无故。下面要讲到的"天泉证道"，有这两首偈子作参照，就有助于我们的理解。而且，除这两首偈子之外，还真很难找出更合适、更为人所熟知的参照物来。

阳明"四句教"，就是"天泉证道"这件事的核心内容。作为思想史事件，"天泉证道"之所以能声名大噪，从阳明的角度看，大概也就在于"四句教"。可是，倘若换个角度，从阳明学的角度看，那么它之所以重要，是因为它除了有"四句教"，还有德洪和龙溪的理解和解读。也就是说，"天泉证道"的当事人是阳明、德洪和龙溪三人，特别是后两人，同样缺一不可。

为什么要这么说呢？那是因为在"天泉证道"之前，也就是从嘉靖三年到六年的三年时间内，阳明那"四句教"的思想，其实已经告知门人。作为阳明门下的"教授师"，德洪和龙溪不可能不知道。不仅如此，他们还要比一般的门人更加用心去领会老师的意思。比如，此时有一个门人问他们："老师的这四句话到底什么意思啊？该如何解释？"想必他们不得不作些回应。这些回应，刚开始肯定来自于他们自己的思索，而不是当面去问老师。

据陈来、彭国翔等学者研究，阳明的"四句教"虽然还不能坐实具体提出时间，但更不能否定它在嘉靖三年提出的可能性。也就是说，"四句教"或者和"四句教"类似的说法，最早可能在嘉靖三年就已提出。或许正是在这一年的中秋晚宴上，阳明随兴而发，泄露了天机。如此一来，钱德洪和王龙溪这两大弟子，为"四句教"所引发的思考和讨论，恐怕也不是一两天的事。

而钱德洪，出于他谨慎严格和一丝不苟的天性，对老师这一教法，势必也形成了自己的看法。至于这个看法成不成熟，那是后话。现在的情形是，他渴望他的理解或阐释，能够得到老师的认可。至少，如果老师不赞同的话，他也要问个明白，自己的理解有什么问题。况且，私底下和龙溪交流心得时，德洪发现，他和龙溪的理解，不同得让自己惊讶。这就更加促使德洪要去老师那儿找个说法。龙溪这边的情况想必也差不多。终于，一个盼望已久的机会来了。

嘉靖六年（1527）的初夏，朝廷任命阳明提督两广（广东、广西），以及江西湖广军务兼督察院左都御史。这一下，平定广西思恩、田州这两个地方少数民族暴乱的任务，自然就落到阳明头上。要知道，阳明曾成功生擒宁王朱宸濠，因此要完成这次任务，对他来说并不是什么难事。然而阳明心中却轻松不了，他是担心完成不了此次朝廷的任务吗？显然不是。原来，他是看到弟子们为"四句教"论争不断而担忧。九月八日起程奔赴广西的前一天晚上，在天泉桥上，面对着德洪和龙溪，阳明当场回应他们有关"四句教"的不同看法。这一阳明学至关重要的事件，思想史上称之为"天泉证道"。

作为"天泉证道"的亲历者之一，钱德洪和王龙溪后来在不同场合都对这一事件作了回忆和记录。今本《传习录》的下篇和阳明《年谱》的相关条目，就有德洪的记载。而在专门为此事所作的《天泉证道记》和龙溪为德洪作的《行状》中，也能见到龙溪对此事的回忆。前面提到，由于视角和立场不可能完全相同，因此不同的参与者对同一事件的叙述和解释，也就会有所差别，甚至可能会有天壤之别。

但是，"天泉证道"虽然不是严肃的学术研讨会，对于他们来说，铭刻并记录此次事件，乃是他们义不容辞的精神担当，乃是他们不辱师命的行为担当。因此，尽管他们记述的内容存在一些不太相同的地方，但总体看来，仍然可以通过这些文字，获得基本一致的信息。对于德洪来说，谨小慎微的态度、严守师门的作风，就使得他的记载更容易被后人优先信从。我们先看看德洪在阳明《年谱》中"嘉靖六年九月壬午发越中"条对此事的记载：

1527年农历九月，钱德洪和王龙溪一起去探访张元冲，三人在船中闲谈。谈到学问宗旨这个问题的时候，龙溪率先发言："阳明先生说过'知善知恶是良知，为善去恶是格物'这样的话（指"四句教"），但我认为，这恐怕还不是先生要说到底的话。"德洪一听，就问他："那说到底的话是怎么样的？"龙溪回答："心的本体既然是无善无恶的，那么心发出来的意识当然也是无善无恶的。如此说来，意识形成的知识就是无善无恶，事物也是无善无恶的。如果说意识是有善有恶的，那么心的本体就不能说是无善无恶的。"对于龙溪的这种看法，德洪有所不满，他反驳道："人的心原本是无善无恶的，如今浸染习识太久，因而产生善恶的分别和判断。为善去恶的工夫，正是要回到那无善无恶的心中去。如果明了这个本体，就说工夫都不需要，这种看法，恐怕只是片面之见吧。"龙溪不好在张元冲面前与德洪争执，就说："明天（九月初八）先生就要启程（去广西），晚上可以一同去请教他。"

九月初七当晚，天气不错，阳明像往常一样，把弟子和朋友们召集在府中，讨论义理。只不过与往日有所不同的是，今晚的宴会，充满了离别前的惆怅。大家都依依不舍地围聚在阳明周围，即使是平常的调侃之语，此刻也多了几分沉重。每个人都想多和老师相处一会，再听一句老师的话。可是明早老师就要奔赴远地，他们又不想过分地占有老师的休息时间。渐渐地，大家陆续散离而去。阳明一一和他们道别，留下临行前的嘱咐。

夜已入深，阳明正要回到卧室，准备睡觉。这时，一旁的侍者告诉他，德洪和龙溪还站在院子里，好像有什么事，不得不找老师。阳明知道后，马上从内房快走出来，并命人把宴席移到天泉桥上。二人见状，一时激动得不知怎么才好，阳明心底清楚，这二人肯定有什么事不吐不快。他让他们坐下，慢慢说。于是，德洪就把他和龙溪争辩的事如实相告。阳明一听，喜悦之情溢于言表，他说："我就知道，你们俩会有此一问。"阳明抬头望望皎洁的月亮，又接着说道："你们二人（对"四句教"）的见解，正好可以相互吸取，不可相互诟病。龙溪啊，你需要采纳德洪所说的工夫；德洪呢，则需要参透龙溪所说的本体。你们都各取对方的长处，这样就再好不过。对我所创发的学问，就再也不会有什么疑虑和杂念。"

随后，针对自己的问题，钱德洪和王龙溪又分别进行请教，阳明都回复了他们。最后阳明又郑重地嘱咐道："你们以后再也不要更改我这四句话的宗旨。这四句话，适用于资质一般的人，也适用于资质优等和资质低劣的人。我这些年来创立学问教法，也曾几度发生变换，如今才确立这四句教法。人心从产生知识以来，就已经被习俗所染着，如今如果不教人在良知心体上实实在在地做为善去恶的工夫，而只是悬空想象一个心的本体，那么一切道德事务和道德行为都不会落到实处。由此导致的坏处可不小，所以不得不趁早说破。"德洪和龙溪静静地听着老师的话，都有所省悟。

以上内容，就是阳明《年谱》中有关"天泉证道"的记载。它基本反映当时的大致情况，与今本《传习录》的记载也几乎没什么出入。既然如此，《传习录》中的话就不需要再一一转述。只不过与前者相比，后者更突出阳明对"四句教"的说明。这一点必须要留心。由此可见，阳明《年谱》

和《传习录》中有关"天泉证道"的记载，虽然是由钱德洪亲自执笔，但它还是主要以阳明为主，基本没有掺进多少德洪自己的"想法"。也就是说，德洪没有暗中为自己脸上"贴金"，而是以记录老师的话为唯一目的。德洪担心的只有："吾二人所见不同，何以同人?"就是说，我和你龙溪两个人的看法（对"四句教"的看法）都不相同，日后怎么能使其他同人见解一致。这样各说各的，那老师的教法不就乱了，无法遵循了嘛! 职此之故，德洪才要一五一十地把阳明的话记录下来，以警示同人。可见德洪的用心良苦。

与此同时，王龙溪也在回忆或描述着"天泉证道"，但和德洪相比，他的心态却颇有不同。当然了，要先说明的是，我们不怀疑龙溪对阳明学的真诚和信仰。龙溪一辈子都在为阳明学奔走，就足以说明一切。然而，我们想强调的是，龙溪认为他对阳明的学问宗旨，已经心领神会。他觉得，他能够捅破老师话里的窗户纸。抱着这样自信的心态，龙溪在"天泉证道"上更加踌躇满志。尽管阳明当场对他的说法有所纠正，但龙溪已经感受到一种莫大的鼓励。因此，当他来记录整件事情的时候，叙说口吻和关注焦点都发生了变化。

在给钱德洪作的《行状》中，王龙溪交代了"天泉证道"这件事。经过他的交代，我们能很清楚地看到他和德洪各自对"四句教"的归结。他把"四句教"解读为"四无之说",即:"若悟得心是无善无恶之心,意即是无善无恶之意,知即是无善无恶之知,物即是无善无恶之物。"也就是说,在龙溪看来,如果确保心是无善无恶的,那么心的活动和产物,也都是无善无恶的。这就是"四无之说"。据龙溪记录,阳明对他这个说法的评语是:"汝中(龙溪的字)所发,我久欲发,恐人信不及,徒起躐等之病,故含蓄到今。"简而言之,龙溪所说的就是阳明一直想说的,只是碍于种种顾虑,阳明才没有直言。这是"传心秘藏"。

"传心秘藏"类似佛教所说的"拈花微笑"。"拈花微笑"是佛教历史著名的一则典故,它意在显示禅宗不立文字、以心传心的思想特质。当初,摩诃迦叶破颜一笑,便深得佛祖释迦牟尼的真意。这里,龙溪使用"传心秘藏"来表达他和阳明的关系,其意图可想而知。

与此同时,在王龙溪的记录中,钱德洪对"四句教"的理解被称为"四有之说",可是他并没有指明德洪"四有之说"的具体内容。据阳明另一弟子邹守益在写于嘉靖五年(1526)的《青原赠处》中记载,德洪的"四有之说"是这样的:"至善无恶者心,有善有恶者意,知善知恶是良知,为善去恶是格物。"这更加证明,"四句教"在此之前就已经提出,并引发持续的争论。而"四有之说"和"四句教"的差别就在于首句。德洪认为心是至善无恶的，善是心本有的，因此他的说法被称为"四有之说"或"四有说"。

至此，钱德洪的"四有之说"和龙溪的"四无之说"，争得不可开交。王龙溪在他的记录中说"四无之说"深得师教的真谛，当然情有可原、可以理解。阳明很睿智，对于德洪与龙溪的分歧，他采取调和、折中的态度。"各打五十大板"，告诫他们要相辅相成，"相资为用"。因此有的研究将阳明的思想境界，概括为"有无之境"或"有无合一"，是很准确的。阳明的宗旨，就是要贯通有无之间，彻上彻下。

对于"四句教"而言，王龙溪的"四无说"是一次发挥，而钱德洪的"四有说"则是他自己的理解。化用前面提到的禅宗思想来说，龙溪偏向于"顿悟"，德洪强调的是"渐修"。龙溪和惠能是一路的，德洪则和神秀是一路的。这与他们的思想性格有密切关系，用阳明的话说，德洪"资性沉毅"，龙溪"资性明朗"；用黄宗羲的话讲，德洪是"把揽放船"，龙溪则是"悬崖撒手"。这些概括，都将被证明达到"片面的深刻"。这就引申到讨论钱德洪哲学思想这个话题，关于这个问题，后面会详细说明。

这里要记住的是，"天泉证道"并没有完全消除钱德洪与王龙溪的疑惑，因此"天泉证道"之后，在送别阳明的路上，又有了"严滩问答"。

"严滩问答"

嘉靖六年（1527）农历九月初七晚，王阳明和钱德洪、王龙溪师徒三人，在天泉桥论学，阐发"四句教"的宗旨。第二日，阳明一行从越城（今绍兴）出发，赴广西思恩、田州平乱。据阳明《年谱》载，阳明并没有马上离开绍兴、杭州一带，而是在此地又盘桓数日。另据阳明在此期间的诗作反映，九月二十二日，陪同和送别的共有四人，德洪和龙溪都在列。他们陪阳明一起渡过钱塘江、游览天真山（在今西湖与钱塘江之间）、攀登月岩（位于今宁波市西北），然后溯江而上，过钓台，至严滩后才分别。

又据阳明死后钱（德洪）、王（龙溪）二人在讣告同门的文中交代，他们后来追送老师至严滩，并在此地与之告别。严滩，又名严陵濑，即严子陵钓台一带的急流险滩。严子陵钓台，位于浙江省桐庐县的富春山麓，因严光（字子陵）拒汉光武帝刘秀的召请，隐居于此而有名。此地风光旖旎、景色怡人，历史上不少文人骚客都曾游览于此，如李白、苏轼、陆游、朱熹等。如今，阳明师徒三人来到此地，望着眼前秋意渐浓的山水，恐怕别有一番滋味在心头。

从日期上来说，钱、王二人在讣告中的说法，与阳明

《年谱》的记载稍有出入。毕竟要去记录若干年前的事情，有所出入在所难免。但是可以肯定的是，在严滩，他们师徒三人再次讨论"四句教"的问题。也就是说，"严滩问答"不仅是"天泉证道"的继续，而且还具有结论性的意义。关于这一点，钱、王二人在阳明死后的《讣告同门文》中讲得很清楚。他们把这个事情通告给同门，就是要大家统一认识，重视"严滩问答"中阳明的话。

那么，"严滩问答"到底说了些什么？《传习录》中记载有这段话，现全文录下："先生起征思、田，德洪与汝中追送严滩。汝中举佛家实相幻相之说，先生曰：'有心俱是实，无心俱是幻。无心俱是实，有心俱是幻。'汝中曰：'有心俱是实，无心俱是幻'，是本体上说工夫。'无心俱是实，有心俱是幻'，是工夫上说本体。先生然其言。洪于是时尚未了达，数年用功，始信本体工夫合一。"

简而言之，它主要是阳明和王龙溪关于本体和工夫的对话。和"天泉证道"不同，这次讨论由龙溪发起，他举出佛教关于"相"的说法，来请教阳明本体与工夫的问题。阳明的回复，在外人看来，简直是空话，仿佛在玩文字游戏，让人摸不着南北。其实，阳明正是援用禅宗的方式，来说明他的思想。禅宗六祖惠能门下首座、唐代高僧青原行思提出参禅的三重境界，其中就说：参禅之初，看山是山，看水是水；禅有悟时，看山不是山，看水不是水；禅中彻悟，看山仍是山，看水仍是水。青原行思的本义可能和阳明说的并不一致，然而阳明正是要借助禅宗的这套话语形式，来提点自己的弟子。这叫"权法"，也可以说是"方便法门"。

王龙溪的资质果然不一般，老师说完这句玄妙的话，他就能解读出其中蕴藏的意思，并且获得再次肯定。龙溪的得意之情，在他为钱德洪所作的《行状》中表现得更为明显。的确，能做到这一点的人，不能说不是少数。由龙溪的解答，也不难看到，对于阳明的思想，他确实已经做到了然于心、直言不讳。这需要勇气，更需要天赋。从某种角度来说，有龙溪，实乃阳明学之福。当初阳明把龙溪诱入门下，也再一次印证他的慧眼识珠。

说到这里，其实才显示出事情的关键来。也就是说，和"天泉证道"相比，"严滩问答"中钱德洪"消失了"！我们竟然看不到他说的一个字，整件事情好像跟他无关，难不成德洪跑去游山玩水？显然不是，在整个对话过程中，德洪必定是在场的。只是不知道什么原因，在涉及德洪的时候，《传习录》只有寥寥几个字，而且还是"洪（德洪）于是时尚未了达"这样的话。意思是说，这件事的记录者认为，当时德洪对他们（阳明和龙溪）的谈话不理解，经过几年的工夫，才完全信服其中的道理。

如果这些话是王龙溪或龙溪的弟子记录的，那倒还能理解。毕竟在"天泉证道"这件事情上，龙溪他们的记载就曾"不利于"德洪。然而不是。那么，这件事的记录者是谁呢？《传习录》告诉我们，它出自阳明的弟子黄直之手。这可信吗？据陈荣捷先生的看法，这是不可信的。其实"严滩问答"的真正记录者不是别人，正是在整件事中几乎"消失"的钱德洪。这一点现已被学术界普遍认同，应该可以信从。这么一来，德洪又"出现了"，以另外一种身份"出现"在我们面前。

　　钱德洪这一"隐"一"现"，体现出一个简单而深刻的道理。用现在流行的话来讲，只有四个字："实事求是"。德洪认为，"严滩问答"是怎么样，就应该怎么样来记录。龙溪和老师的谈话重要，就应该突出记载他们的话。涉及自己，并没有什么好掩饰的，更没有什么丢脸的。该是什么样，就是什么样。这就是德洪的态度。

　　如钱德洪自己所记述的，自严滩一别，他用了几年时间来体悟、实践"本体工夫合一"的精神。终于，功夫不负有心人，他达到了，他做到了。他要把这个喜悦告诉老师，可是心中的悲痛不能自已。因为这个时候，老师早已客死他乡。

　　嘉靖七年农历十一月二十九日（1529 年 1 月 9 日），阳明已经平定思恩和田州的动乱，正从广西赶回余姚，却在途经江西南安时不幸病逝，享年五十七岁。而此时，德洪才三十四岁。

老师的远去

本书一开始，便将阳明驾鹤西去的情景作了交代。就在我们与这位思想伟人告别之际，他的两位高徒——钱德洪和王龙溪——正奉命前往京城的路上。他们俩去京城干什么，原来是去参加廷试。廷试，也称"殿试"，是我国古代科举制度中最高级别的考试，在皇宫殿廷中举行，由皇帝本人亲自主持和发问。一般而言，只有通过前面所有考试的人，才有资格参加本次考试；通过本次考试之后，方能获取"进士"的功名，从而加官晋爵。由此可以说明，到这个时候，德洪和龙溪均已通过之前的会试。

其实早在四年前，即嘉靖四年（1525），钱德洪和王龙溪就有参加殿试的资格。究其原因，可能要追溯到那件事情：嘉靖三年，德洪的父亲钱蒙找到阳明，与他辩论"圣学"（学问）和"举业"（科举）的关系。尽管在这件事情上，阳明一方处于主动，也取得钱蒙的信任，但有一点不能忽略，那就是阳明并不反对参加科举，相反，还比较支持。只不过在他看来，不能把科举当成"天下第一等事"。因此，特别是与钱蒙辩论之后，阳明更感到科举对弟子们的必要性。于是嘉靖四年的冬天，阳明便要求德洪和龙溪赴京应试。所以说，从这个角度看，钱蒙对阳明的质问客观上达到了他的目的。

在父亲殷切的期盼下，在老师的一再要求下，嘉靖四年冬天，钱德洪和王龙溪冒着雨雪严寒，一路朝京城赶去，为的是参加下一年开春的礼部会试。终于，他们俩不仅参加会试，而且都考中了。他们都很高兴，感到自己没有辜负老师的期望。特别是德洪，这次的中举必定会让父亲心安不少。他们心想，下个月（农历三月）就是殿试，希望也能有个好的结果。于是，二人开始备考殿试。

就在这个时候，朝廷中排拒阳明学的气焰有增无减。蒋冕虽然不再是内阁首辅，新上任的费宏，虽然没有有意打击阳明学，但对阳明学也颇有成见。再加上因"大礼议"事件受到重用的张璁、桂萼之流，对阳明及阳明学极为仇视。这些人遥相呼应，故而在朝廷上造成一种比以往更不利于阳明学的环境。钱德洪和王龙溪对此深感愤慨，于是，"二人不就廷试而归"。也就是说，他们选择放弃廷试（殿试），以示抗议。

据《龙溪王先生传》所说，钱、王二人之所以会马上放弃廷试，也与之前阳明的授意有关。也就是说，钱、王二人此次来京城，名义上虽然是考试，其实是为了宣传阳明学。根据徐阶的说法，"其在途，自良知外口无别谈"。这一路来，他们除了一直畅谈阳明学，别的几乎都不过问。他们随身带着《传习录》，所到之处都热情介绍。尤其是王龙溪，表现得十分积极。经过这样一番"活动"，当时京城的知识界，他们俩可谓名噪一时，特别是龙溪。

钱德洪自知没有王龙溪口才好，也没他才思敏捷，故而在"搞宣传"的时候，他大多只是帮忙。龙溪在场的时候，他都很难当主角。但德洪不会在意这些，他觉得，只要老师的学说能得到认同就行。老师的学说一旦遭受不公正的待遇，他一定会极力回护。要知道，对德洪而言，放弃廷试必须下更大的决心。这一点龙溪是难以体会的。

阳春三月的京城，让人感觉不到丝毫的暖意，钱、王想念此时已经鸟语花香的家乡，更思念在家乡的老师。于是，他们买舟南下，离京城越来越远，心却越来越舒适、温暖。等他们回到阳明身边时，阳明赞扬了他们，并打比方说道：对于我这个商店的老板而言，其他的弟子是一般的货品，而你们二位是"奇货"。阳明向来擅于打比方，听到老师这么一说，德洪和龙溪暗自感到欣慰。这次回来的，除钱、王之外，还有前面提到的张元冲以及黄弘纲等人。

这一路上，钱、王一行并没有闲着，他们像去时一样，讨论着学问。特别是阳明提出的"四句教",更是他们讨论的中心。正是在这个过程中,德洪和龙溪的思想才慢慢成形,也正是如此,他们才深刻地认识到,双方的理解是如此不同。回到阳明身边后,德洪和龙溪就成了王门的"教授师"。第二年的九月,就发生了"天泉证道"事件。

严滩一别后,对于德洪本人而言,他思想上最关心的当然还是"严滩问答"中的问题,也就是本体与工夫合一的问题。除此之外,他还要当好"教授师"的角色,主持和参加一些讲会之类的事情。这些讲会,主要是指"龙山会"(**龙泉寺中天阁的讲会**)以及稽山书院、绍兴书院的讲会。从相关的文献来看,在此期间,德洪和阳明有书信往来,主要是向阳明汇报讲会的情况。

可惜的是,由于文献缺失,现在只能看到阳明写出的信,看不到钱德洪的回信。在《与钱德洪、王汝中》的信中,阳明对德洪和龙溪充分信任,认为他们能够处理好王门诸事。阳明更鼓励他们对同道多多"振作接引"。阳明在稍后寄出的信中还告诉他们,"地方事幸遂平息,相见渐可期矣"。也就是说,阳明很快就平息动乱,他们师徒不久就能相见。不难想象,当德洪、龙溪读到这封信时,他们的激动和欢喜。

从阳明的信中还可以体会到,他对讲学活动十分关切。在阳明看来,讲学活动荒废了,学问之道便得不到光倡;相反，讲学活动如火如荼，学问之道就蒸蒸日上。因此，阳明特别强调讲学活动要"日勤不懈"。即使是自己的亲族兄弟，也懒不得半分。对阳明的这个精神，德洪和龙溪都深有领会，丝毫不敢懈怠。以至他们年老体衰，仍然坚持不懈。由此可见，讲学活动实乃阳明学兴盛的助推器。

所以尽管老师不在场，但钱、王二人都清楚，讲会事宜马虎不得。因此这一段时间，除私人时间之外，他们最上心的就是这件事。然而阳明毕竟是阳明，他清楚，有这两个弟子主持讲会，他便可以放一万个心。但与此同时，有一件事又让他的心悬起来。这件事不是别的，就是他们二人的科举之事。阳明不仅是豪迈的思想家，还是一个为学生着想的好老师。在同月给弟子何廷仁的信中，阳明就示意他催促德洪和龙溪，让他们尽快赴京完成科举。

钱、王当然知道老师的良苦用心，得知此事后，他们就交代好相关事务，准备再赴京城。嘉靖七年的农历十二月初九，他们二人渡过钱塘江，要再次北上（京城）参加廷试。这一回，不像上次那样豪气满天、充满活力，钱、王二人显得成熟而冷静。尽管从现实年龄来看，他们不过三十出头，但是在科举这件事上，绝对可以算得上"老人"。因此上京考试，他们早就驾轻就熟。对于精神上早已放下的读书人而言，科举最多只能说是为了谋个安身的"位子"。德洪和龙溪就是这样。至于精神生命上，他们只属于阳明学。

至于钱、王二人彼时的心境具体怎样，缺乏真凭实据，谁也无法知道。只知道，当钱德洪和王龙溪到达彭城（今江苏徐州），便得到阳明抱病返乡的消息，而且这一消息似乎马上就获得证实。德洪和龙溪二话不说，连忙返回钱塘江。然后沿江而上，去迎接老师一行。生活就是这样变幻无常，原本是万马平川，突然间却山高渊深、举步维艰。前面说到，德洪和龙溪本来应该是走在获取功名的路上，现在只能心急如焚地等待老师的身影。而且，他们越沿江而上，就越感到恐惧和不安。或许潜意识已经告诉他们，一个天大的噩耗就要来临。

历史又一次开起玩笑。严滩，这个风景独秀之地，当初他们师徒三人在这里依依惜别，而今却成了噩耗降临的场所。钱德洪和王龙溪已得到消息，说阳明在返回途中病逝。二人大为惊骇，不敢相信这是真的，他们的第一反应就是："必定没有这样的事！""这是不可能的！"（见《讣告同门》）钱、王二人决定日夜兼程，去探明究竟。不知道赶了多少天路，直到抵达龙游驿（今广西龙州县城内）时，他们才确切知道，老师在十一月二十九日病逝于南安的青龙铺。二人悲痛万分，以至昏聩晕厥，不知所言。

然而人死不能复生，弟子们只能节哀顺变，接下来要做的，就是悉心料理老师的后事。因此钱德洪和王龙溪他们又披星戴月，在最短的时间内赶回浙江。阳明死时，阳明的父母和原配妻子早已去世多年，因此家中只留下孤儿寡母。他的亲儿子王正亿刚满三周岁（阳明后娶张氏，于嘉靖五年生子，取名正亿）。而过继来的王正宪，虽然已经二十出头，但他少不更事，且并非嫡传，因此，料理后事的重任，就落到钱、王二人的肩上。客观而言，这也是众望所归的事，毕竟此时他们有这个威望。

嘉靖七年年底，钱、王从广西返回浙江后，嘉靖八年正月又奔赴至广信（今江西上饶），在等待丧葬队伍到来的同时，钱德洪一行讨论了服制的问题。所谓服制，是指死者的亲属按照与其血缘关系的亲疏和尊卑，穿戴不同样式的丧服制度。说白了，就是这个人死了，作为死者的亲属，你该如何穿戴，他该如何穿戴，在古代社会，这都是有严格规定的，不能乱穿乱戴。如今，丧服制度在我国不同地区还不同程度地存在，但总体上都比以前有很大程度上的松弛。而在明代中期，这套制度不仅比较繁复，甚至还具备法律的效用。所以说，服制是一个严肃的问题，不能儿戏。

因此在讨论服制时，钱、王二人特地询问同门邵竹峰。邵竹峰感叹说："当初孔夫子去世，他的弟子子贡（端木赐）像失去父亲一样悲痛，但是他并没有为孔夫子穿戴丧服。"

钱德洪惭愧地说:"我的父母亲都还健在,尽管老师去世了,但是麻衣布经(泛指丧服)现在我不能穿戴。如果这样做,那就是对我父母亲的大不敬、大不孝。"这时,德洪和王龙溪商量片刻,龙溪表态说:"原则上是这样,但是如今情况不同。老师在半途中去世,而他的(直系)亲属又不在。德洪又有所不便,而我和老师既是本家,并且父母已经不在世,因此让我来服斩(最重的丧服),到绍兴就脱掉,换上一般的丧服,等丧葬完了,就都脱掉;德洪到绍兴就穿上丧服,回到自己家就不穿。这样如何?"邵竹峰说:"这样比较适宜。"于是,龙溪"服斩以行"(穿上丧服行孝道)。

与此同时,来看看阳明这边的情况。据钱德洪所作《遇丧于贵溪书哀感》交代:嘉靖七年十一月二十九日中午去世后,闻讯赶到的周积、王世芳等人,就在附近的南野驿(今江西赣州)为阳明沐浴、收殓。第二日,南赣巡抚(赣州巡抚)以及一些老百姓前来哭悼。十二月二十日,丧葬队伍经过吉安,到达南昌,"士民皆哭,声载于道"。又据《世德纪》记载,嘉靖八年(1529)正月,王阳明丧葬队伍从南昌出发,不到两天,便到达广信府。正月初三,德洪、龙溪讣告同门,他们终于在贵溪(今江西贵溪)见到阳明。他俩激动万分,亲自为阳明扶棺,把老师送回老家。

彼时钱德洪和王龙溪发布的这个讣告,就是今天《讣告同门》这篇情真意切的短文。文中说：

> 夫子（阳明）勤劳王家，殉身以道，古固有勤事而野死者，则亦何憾，特吾二三子不能以为生耳。向使吾人懵然无闻，如梦如醉以生于世，则亦已矣；闻道及此而遽使我止此焉，吾何以生为哉？人生不闻道，犹不生也；闻道而未见其止，犹不闻也。夫子教我发我，引我翼我，循循挈挈而不倦者几十年，而吾所闻止此，是夫子之没，亦吾没也，吾何以生为哉？呜呼！命也已矣，天实为之，奈之何哉！

短短一席话，道出了阳明弟子的心声，更是他们的真情流露。这些话，充满弟子们对老师的感恩之情，也宣示着他们与阳明的永远道别。不难想见，大凡真正用心过学术事业的人，读到这些话，都不能不为之心恸，都不会感受不到学术的生命在传衍、学术的精神在传承。其中说"阳明夫子的去世，意味着我们精神生命的缺失"（是夫子之没，亦吾没也），这样的话，大概只有用情至深、悲痛至极，才能够说出。

但是，阳明的身体虽然消亡，他的思想却保存下来，他的学术事业却得到很好的继承和发扬。在阳明去世之前，他各方面的著述都有记录，因此，辑录和整理这些文献，就成了头等大事。而此事的主要负责人，就是钱德洪。可以说，由整理阳明遗文这件事开始，钱德洪的人生翻开了新的篇章。

第4章

王阳明去世之后

《讣告同门》这篇短文，不仅倾注了深沉的情感，更有独特的学术价值和思想意义。前面提到，在为阳明的丧事忙碌的时候，钱德洪和王龙溪已经对下一阶段的王门事务作了安排。《讣告同门》告知大家，近两三年内，除正常的讲学活动外，最主要的事就是收集和整理老师的遗书。这个通告马上得到门人的积极响应，经过玉山（今江西上饶玉山县）时，德洪和龙溪就验收了一批遗书。而这，只是整个漫长事业的一个开端。

整理阳明遗文

钱德洪、王龙溪看到，这一路走来，老师的去世在当地都引起强烈反响。据不完全统计，阳明的灵柩经过一地，有时竟有数百人甚至是千余人自发送行。特别是经过南昌的时候，场面蔚为壮观。这不难理解，众所周知，阳明一生主要的活动踪迹，就在浙（浙江）、黔（贵州）、赣（江西）三地。而阳明与江西更是有不解之缘，他不仅是江西老表（江西人的俗称）的女婿，而且江西也是他建功立业的福地；更重要的是，他在江西有一大批弟子和崇信者，其中最有名的弟子是何廷仁和黄弘纲。因此，在王门弟子中，有"江（江西）有何、黄，浙（浙江）有钱、王"的美誉。

然而，在阳明的灵柩抵达绍兴之前，朝廷也已得知他去世的消息。此时朝中权势被桂萼等把持，他们伺机搬弄是非、落井下石，说阳明生前不听朝廷命令，擅自离职（没得到朝廷允可，擅自离开广西），又巧立邪说、独出异端。这种情形之下，朝廷竟然下令革除阳明生前的爵位，并宣布阳明学为"伪学"（假学问），勒令予以禁止。

阳明及阳明学遭受这样不公的待遇，很容易让人联想到三百多年前的朱熹和朱子学。就这一点而言，他们的遭遇何其相似！更巧合的是，和朱子学被禁不久后即被官方认可一样，阳明学后来也被官方所接受。只不过，朱子学只等了不到二十年，而阳明学则等待了将近半个世纪。嘉靖皇帝驾崩后，他的三儿子朱载坖登基，是为隆庆皇帝。至此，阳明学才迎来复苏的转机。

不过眼下，阳明学处境却极其艰难。一则阳明刚去世，阳明学突然群龙无首；二则朝廷奸佞试图对阳明学加以迫害，某些门人难免会有所畏惧。这样的话，阳明学恐难以继续开展。暂且不谈这个，还是先把阳明的后事说完。嘉靖八年（1529）二月，阳明终于回到家乡越城（绍兴）。钱德洪等弟子除了为老师料理后事，还要帮他维持王家的正常运转。据阳明《年谱》和德洪《行状》载，这时的王家，不只有外患，也少不了内忧。所谓外患，就是指恶势力企图危害王门以及阳明的家庭；而内忧，则来自于王正宪，他竟然弃年仅四岁的弟弟于不顾，要自立门户。基于多重考虑，德洪和龙溪等人决心轮流守候在王家，"意在保孤宁家"。有这样的弟子，阳明幸甚！

同年的十一月十一日，亲友和门人把阳明葬在洪溪。洪溪这个地方，在兰亭镇（今绍兴县）花街，离绍兴府有二十多里。这里山木葱翠，幽静肃雅。阳明在这里，背靠仙霞山，远眺家乡风物。据说这个墓地由阳明生前亲自选定。当初风水先生看到这个地方时，觉得不太满意，想叫阳明放弃，改选他处。哪知老天帮忙，数日暴雨使得此地变得开阔不少，因此最终选定该地为墓穴。

据阳明《年谱》载，参加葬礼的人有千余众。就连从四面八方赶来看热闹的，也忍不住泪涕交加。足见当时场面之感人。试想想，一个人的死去，会有这么多毫无瓜葛的人为之悲伤，这只能说明，此人进到他们的心间，给他们带来过共鸣或震动。阳明死后，当时为他写祭文的，既有朝廷要员，如礼部尚书汪俊、吏部尚书熊浃和兵部尚书汪铉等，更有门人黄绾、薛侃、魏良器、邹守益等。这些门人中，当然少不了钱德洪。对于德洪来说，这次只是一个小小的开始，还有大量的阳明遗文需要他来整理，许多纪念阳明的文章需要他来审定。

对阳明遗文而言，德洪既是读者，又是作者；既是供稿人，又是审稿人，甚至还是出版人。而在他自己看来，他什么也不是，只是阳明的弟子而已。正因如此，与现代化机械式的操作和处理方式不一样，阳明遗文至少对于他这些弟子而言，首先意味着一种崇高的使命和义不容辞的责任；其次，它还是精神生活中的必需品。

对于整理阳明遗文这件事来说，弟子们自然会倍加用心。而作为这件事的主要负责人，钱德洪就更不用说了。然而，要做好这件事谈何容易！护送老师离开西安（今浙江衢州）不久，就有几个弟子要上交他们手头的遗文，但德洪他们已经远去，他们又不知道把遗文寄往何处。如此一来，就增加了这件事的复杂性和不可预知性。为此，德洪、龙溪利用为阳明守丧的日子，采取以下措施，以保证此事平稳有效地开展：那就是约定每年纪念阳明的集会日期，并利用祭奠的空余时间，一方面汇总、整理阳明遗文，另一方面进行讲学活动。

这样商定之后，嘉靖九年（1530）五月，为了使此事进一步落实，钱德洪与薛侃、王龙溪等人创议在杭州的天真山共建天真精舍（精舍，即儒家讲学的地方），以祭祀阳明。这一提议得到王门弟子的积极响应和热情支持，董沄、柴凤、范引年、邹守益、方献夫、欧阳德等，都先后出资出力。不出半年，天真精舍建成。天真精舍后改名天真书院，嘉靖十五年，徐阶等人捐资重修之，使其设施更加完备。而天真书院的讲会作为每年的例会，一直延续四十多年，可以说是阳明弟子讲学活动的一大基地。

天真书院不仅讲学活动很有影响，而且在保存、整理阳明文献方面也发挥着重要作用。关于这一点，钱德洪作为主要负责人，自然有发言权。他在《天真精舍诗》中写道："云埋五岭路悠悠，海上罗浮入梦愁。山月凄凉归鹤夜，霜风飒瑟泪猿秋。百年著述图书在，千载经纶草迹留。忍伐祠前苍峡树，春秋配食荐神羞。"钱德洪要表达的其中一个意思，就是说尽管前方的道路充满坎坷，但老师留下的图书得到妥善保存，只要我们认真整理、研读这些教诲，在纪念老师的祠堂里，就不会太过羞愧。这些心声，从另一面表明天真书院的价值。

《天真精舍诗》还告诉我们，前贤留下来的遗文很重要，但是要整理它们，却并非易事。试想想，整天与这些文字打交道，而它们的"性格"又难以捉摸，这种事难免让人抓狂，以至连做梦都在发愁。钱德洪所说的"云埋五岭路悠悠，海上罗浮入梦愁"，隐射的恐怕就是这种心境吧。

有读者会问，既然整理遗文如此让人苦恼，钱德洪为何还如此有诗兴？这个不难理解。对于古代的知识分子而言，以诗词排遣情绪，是十分常见的事。尤其是在抒发愁闷心理的时候，更是如此。李白提笔就说"白发三千丈，缘愁似个长"（《秋浦歌》），李清照有空就说"一种相思，两处闲愁"（《一剪梅》）。说这些千古名句是他们提笔就来、张口就有的，未免有点夸张。然而不能否认，诗词是他们日常生活中最主要的内容之一，是情感的表达或交流。钱德洪虽然是学者，可也少不了吟诗作赋。阳明生前就更是如此。

一般人谈起王阳明，都知道他是著名的思想家，或是政治家，但他同时也是一位杰出的文学家，一位优秀的学者型诗人。可以说，仅就明代而言，他的诗文足可以跻身一流行列。如作于嘉靖三年（1524）中秋的《月夜二首》，就是典型。阳明尤其好诗，一生作诗三百多首。即使身处险境，也不忘题诗表志，如作于贬谪贵州途中的《泛海》就说："险夷原不滞胸中，何异浮云过太空。夜静海涛三万里，月明飞锡下天风。"这些诗作，生动记录了阳明的心迹和思想，因此，辑录、整理和出版它们，就显得很有必要。阳明去世后的第二年，即嘉靖九年的五月，钱德洪就完成了此事。

完成这件事后，钱德洪序言中交代了他的动机。他说道：我以"阳明夫子"（对阳明的尊称）生平履历为顺序，将他随情所发的这些诗作都辑录起来。读者们可以以意逆志，即用自己的诚意去揣度阳明先生的心思，一定会有所心得。特别是到后来，先生用词精粹，我们更要细心体会。德洪是在杭州的胜果寺（又作盛果寺）写成这篇序文的，当时，天真精舍开工不久。由此可见，整理阳明遗文这个事业，德洪一早就动了工。

嘉靖九年的五月，估计是从阳明入土以后，最让他感到欣慰的一段时间。这一月来，天真精舍开建，《阳明先生诗录》也刻行出版，王门的讲学活动遍地开花。欧阳德等在龙津书院（位于今福建福州），邹守益等在青原山（位于今江西吉安），罗汝芳在见泰书院（位于今山东聊城）等，都在传播、讨论良知学说。但对于阳明个人而言，意义最特殊的不是以上诸事，而是以下这件事情。

前面提到，阳明去世以后，朝廷怂恿下的社会恶势力意图对王家不利。而此时阳明唯一的亲生儿子王正亿不过四岁，自然成为他们加害的主要对象。尽管钱德洪等弟子为保护正亿，轮流守候在他身边，但这只能是一时之举，并非长久之计。毕竟钱德洪他们都有自己的事情，也不可能长期看护这个幼儿。对于此事，大家都很无奈。这时黄弘纲出了一个计策，他提议为正亿谋一门婚事，这样既解决了他的安全问题和养育问题，又解决了他的终身大事，可谓两全其美。德洪、龙溪他们一听，都纷纷表示同意。

接下来首要的问题就是，该给正亿找一个什么样的岳父，而不是找一个什么样的媳妇。钱德洪他们思前想后，认为这个岳父最好是王门中人，并且有一定的身份和地位。这样的话，才能够让大家放心。经过一番斟酌，时任南京礼部侍郎的黄绾成为不二人选。黄绾是阳明生前好友，目前又身居高位，且膝下有女，自然容易被"相中"。

于是，嘉靖十年（1531）五月，黄弘纲被推荐前去打探黄绾的态度。恰巧此时黄绾刚刚升任南京礼部侍郎，当黄弘纲问他这件事该怎么办的时候，他索性说道："老夫没有什么好计策，但膝下有一女，我愿意把她许配给正亿为妻。只要他们情深义重，好好相处就行。"黄绾的爽快，使黄弘纲大为感动，想必九泉之下的阳明也应该说声"多谢"。好事宜早不宜迟，得到黄绾的同意后，钱德洪和王龙溪就赶赴金陵，"为正亿问名"。"问名"是古代婚姻礼仪中的一种，指的是男方托媒人到女方家询问女方姓名和生辰八字等。所以说，德洪和龙溪还是王正亿的媒人呢！

这两个媒人在去南京经过苏州的时候，时任苏州知府的聂豹特地要求见他们两一面。不为别的，就要他们两给他作证。一见到钱德洪和王龙溪，聂豹就说："我所学的东西，都来自于阳明先生。本来想当着先生的面拜师，如今已经不可能了。今天，请两位先生作证，我要陈上香案，跪拜阳明为师。"两人思考片刻，同意了聂豹的请求。从此，聂豹也被算作阳明的弟子。只不过这个弟子是由德洪和龙溪"代收"的。这两个媒人，一不留神，半道上还当了回证明人。这虽然是件小事，但足以说明德洪和龙溪在王门弟子中的地位。

"问名"之后，便是行聘礼。恰巧此时王艮也在南京，因此他们就委托王艮去行聘礼。行完聘礼之后，正亿的婚事就基本落定。不管未来如何，就当下而言，德洪、龙溪、王艮，还有黄弘纲，他们联手为老师做了件大好事。而且，也正是以这件事为契机，聂豹拜师的佳话才有可能发生；钱德洪和王龙溪、薛侃、王艮以及邹守益这"王门五虎将"，才有机会共聚金陵（**南京**），互相论学。从今天看来，这些都是阳明学史上的佳话。

为什么说整理阳明的遗文是件充满复杂性和不可预知性的事？因为对钱德洪这些弟子来说，老师的遗文不仅指那些有形的文字，还有它背后无声的话语和思想。甚至包括正亿在内，也应当算作"阳明的遗文"。因此正亿的婚事，德洪就不得不操劳。这些还算好，毕竟它们都与阳明有或深或浅的关系。如果碰到什么毫无瓜葛但又不得不去做，并且比较耗费精力的事，那就让人无可奈何。对钱德洪和王龙溪而言，这件事指的就是还未完成又不得不完成的科举。

从领职到下狱

又是一年春来到，又是一季科举时。不知今年此时的京城，比上次来的时候是冷一些，还是暖和一些。但无论如何，令人欣喜的是，学术氛围在"升温"。阳明先生死后，由于桂萼把持朝纲，阳明学在朝廷被严禁。阳明门人薛侃因此遭受罪愆，此时京城的阳明学一片死寂，没人敢再公开讲良知学说。一直到嘉靖十一年（1532）春天，这种局面才得到明显扭转。

这一年正月，钱、王抵达京城。彼时在京城的阳明学弟子中，方献夫任内阁大学士，欧阳德、程文德等在翰林院，魏良弼、戚贤等在科道（类似于今检察院），阳明学的气候可谓渐成。钱、王二人意识到形势的好转，心情自然不错，对于廷试，他们的心态也积极不少。因为他们比以往任何时候都感受到，身居其位才比较好办事。但是，这个位子又不能妨碍他们对学问的追求。在这一点上，朱熹是最佳案例。

钱德洪与王龙溪廷试完以后，趁着在吏部（六部之一，主要负责管理官员）实习的机会，积极参加京城的同门讲学活动。在这期间，他们不仅结识阳明学另外一个重要人物罗念庵，而且还在京师的讲会上提出建议：讲会不应该按官位大小排座，而应以年岁高低入座。这一建议得到大家的支持，后来成为王门讲学的惯例。据龙溪后来的回忆，在京城的讲会，除以上人物之外，还有林春、林大钦等。与会者少则四十几人，多则六七十人。至少在京城的知识界，可以说产生了一定的反响。这为阳明和阳明学取得官方认可，铺平了道路。

实习的日子因为有讲会活动而过得飞快。实习结束后，德洪、龙溪原本都有不错的职位可供选择，然而由于前面所说的原因，他们都没有留在京城，也没当大官。龙溪最后得到南京的一个职位，至于德洪，虽然已经取得进士的身份，但他却很失落。在京城的这段日子，他收到家中来信，才知道父母身体极为不好，况且父亲失明，就更让德洪放心不下。本来，父亲一心想让他完成科举获得一官半职，现在终于如愿以偿，二老却恐将不久于人世，让人情何以堪！

年近不惑的钱德洪，每日想到家中双亲，就再也无法心安地待在京城。秋天就要到来，他作了一个决定：为便于赡养两位老人家，他请求得到一个离家近些的职位。朝廷体谅他的孝心，派他去姑苏（苏州）掌管教学一职。于是，钱德洪只能暂时告别王龙溪，告别京城的同门，在秋风扬起的落叶下，赶往姑苏。临行时，阳明生前的好友湛甘泉特地作《赠掌教钱君之姑苏序》，为这个他欣赏的晚辈送行。

钱德洪在苏州安定下来后，立刻回余姚老家探望双亲。这样一来，他基本解除后顾之忧，可以安心开展工作。一方面，钱德洪勤于公务，他和同事们一起，"定社典、申学规、修废举"，将自己分内事情做好；另一方面，工作之余，他又着手整理阳明遗文。据《刻文录叙说》交代，嘉靖七年（1528）前后，《阳明先生文录》（简称《文录》）的初稿由阳明在世时亲自选取，交由德洪编定顺序。钱德洪的这一工作，得到阳明的高度评价。嘉靖九年（1530），阳明弟子岑庄、岑初校刻《文录》。直到嘉靖十一年下半年，德洪开始校定《文录》的编类，并作《购遗文疏》，派遣学生前往福建、广东、江西、湖南、湖北等地搜集阳明遗文，且颇有收获。编类完成后，钱德洪再与同门黄省曾一道，给《文录》重新厘清编类，以便尽早刊刻。三年后的春天，《文录》的校订本终于在姑苏刻行。后人将这一个版本的《文录》，称之为"姑苏本"。

在此期间，作为阳明的重要弟子，钱德洪除编校、出版《文录》以外，还积极联络和参加同门讲会活动。嘉靖十二年（1533），欧阳德、何廷仁、黄弘纲、季本等王门同人大会于南京，德洪也借事前往。大家相互倡和，互为砥砺。从去年的北都（北京）之会到今年的南都（南京）之会，阳明学的讲会都名动一时。不仅如此，阳明的弟子们还先后在各地兴建或修缮书院，以祭祀阳明。

而在阳明学的基地，浙江的讲学活动更是如火如荼。嘉靖十三年三月，衢州知府李遂兴建克斋精舍，以祭祀阳明。德洪、龙溪应邀前往，并召集同门和门生进行讲学。会期就是当初他们扶灵过衢州府西安时确定的，因此三年后，王门弟子又重聚于此。这个讲会搞得十分热烈，后又分为"水南会""兰西会"，与杭州的"天真会"遥相呼应、来往不辍。由此可见，阳明学复兴的洪流已经势不可挡。

由于工作出色，嘉靖十三年八月，钱德洪被聘请主持广东的乡试。乡试在广州举行，因此德洪参加完衢州的讲学活动不久后，就得赶赴广州。在广州，他遇到两件开心的事。其一，乡试的监试官戴景，和钱德洪还有王龙溪是同年进士，因此二人格外亲切，戴景对德洪也十分信任，把考试录取的事都交由他来处理。古代官员都很看重"同年之谊"，这是种很特殊的情感。

其二，薛侃本是广东人，此时已被削职，在家乡一带讲学。听闻钱德洪来到广州，特地赶来与他相聚，互相问学。德洪自然很高兴，要知道，《传习录》最初就是由薛侃带头刊刻的啊！不知德洪是否会感叹时光荏苒，从初读《传习录》，到与《传习录》的出版人商讨整理阳明遗文事宜，一晃就是十五年。十五年前那个懵懵懂懂的"读者"，如今接过前辈手里的工作，继续为阳明学的事业而奋斗，不知道会作何感想。

然而，生活给人们欢愉，同时也会带来烦恼和伤痛。嘉靖十三年（1534）冬，钱德洪的母亲马氏逝世，德洪回到余姚老家守孝。居丧期间（一般是三年），德洪停止一切公务，唯独没有停止参与阳明学的活动。在家乡，他不仅重修龙泉寺的中天阁，而且还继续坚持"龙山会"的讲学传统。对德洪来说，中天阁的讲会有着独特的意义。当初，正是在这里，德洪带领众人请阳明升座开讲；也是在这里，良知学说

第一次真正地回响在他面前；还是在这里，阳明讲学活动开始规范化。因此，即使是在守丧期间，他也不会懈怠此事。

对于讲学活动而言，守孝期间的钱德洪都能做到如此，更何况其他王门同志。其中最有必要提的是邹守益在江西吉安搞的一系列活动。他不但兴建青原会馆，还开创"青原会"，以继承阳明曾在青原山讲学的传统。这个"青原会"，可了不得，从阳明江西期间（1516—1521）曾在此讲学开始，邹守益、罗念庵、聂豹和欧阳德都先后主持过"青原会"，而德洪和龙溪也曾率众来此讲学，一直到万历年间（1573—1620），阳明后学如邹元标等，仍来"青原会"讲学。这些阳明学的重要人物，几乎都先后来到，使"青原会"持续整整近一个世纪。因此可以说，"青原会"是阳明学讲学活动的一个标杆，也是阳明学发展的一个缩影。

以上所提到的人物，阳明、德洪和龙溪都是浙江人，其余五人都是江西人。这也从侧面反映出一个问题，那就是江右（**主要指江西**）之于阳明学的重要性。对于这一点，龙溪早在嘉靖十一年就有所注意。他说："诸君相处益密，且众至六七千人。每会车马塞途，至不能行，乃分处为四会，而江右同志居多。"意思是说：我们这些王门同志相处得很密切，有时会多达六七千人，以至造成交通堵塞，不能行走。于是就分成四个会场，这些人中以江右来的最多。龙溪的说法可能有所夸大，然而王门同志中以江西人最多，这一点恐怕给他留下了深刻印象，故而有所感叹。总之，不论是江西人居多，还是浙江人居多，都掩盖不了阳明学复兴的历史事实。

然而，让王龙溪和钱德洪都意想不到的是，正当各地讲学活动方兴未艾之际，朝廷中的敌对势力又开始兴风作浪。嘉靖十六年（1537）四月，负责监察地方事务的御史游居敬上言，讨论并弹劾王阳明和湛若水等私自创立伪学，并建议罢黜各地私创的书院。这个建言被朝廷采纳，由此各地私创的书院遭到禁止和毁坏。这给刚复兴的阳明学造成巨大的打击。书院，尤其是私创书院，乃是阳明学运动开展的主要场所。朝廷这样一搞，就等于把阳明学的"巢"给端掉了。那些敌对势力想让阳明学成为游魂，这一次的迫害行动便是他们祭出的杀招。

朝廷这道令一下，对于阳明学的同志们来说，书院的讲学活动就很难明目张胆地进行。如此一来，非书院的讲会就该登场，从替补转变为主力。阳明学依然"活"着，而且"活"得不错。阳明学不是没有经历过风浪，对于禁严这件事，阳明的弟子们淡然处之。转眼间，嘉靖十七年要和人们说再见，这意味着钱德洪的丁忧生活马上就要结束，他不得不开始新的官宦之旅。这一年的年底，德洪得到国子监的一个差事，主要负责管理国子监内部事务。这个差事，仍然和教育有关。

国子监是我国古代的教育管理机关和最高学府，说它大名鼎鼎一点也不为过。因为只要你是读书人，这个地方至少是一种向往。即使你大字不识一筐，也会希望这种向往与你有关。而钱德洪就要在这里面工作，可见他在教育或学术领域的才干已经被官方认可。没有人知道钱德洪在北京的国子监到底过得怎样，但历史告诉我们，在那待了两年之后，德洪不仅升职（从以前的正七品升到了从五品），而且还换了一个岗位。这是不是至少可以证明，德洪两年来的工作得到了肯定呢？应该是的。新的岗位来自刑部，原本为湖广司主事，后来转为陕西司员外郎，这意味着德洪从教育和学术领域，一脚跨进刑事诉讼领域。这一跨不要紧，一跨就招致一场牢狱之灾。更糟糕的是，德洪的政治生命自此再也没有续上。

人们常说，"树挪死，人挪活"。德洪怎么一挪，就挪"死"了呢？说到底，根本原因在于：钱德洪虽然是个人，但他就是树的性格，直来直去，不懂得灵活变通。试想想，在关系复杂、盘根错结的刑事诉讼领域，像德洪这样的怎么能行。或许，凭着自身的才干和朋友的支援，德洪在教学领域的确可以有所作为。但是一到司法领域，他一点优势也没有，不倒霉才怪！也许，德洪的运气确实不佳，一倒就倒了个不能再大的霉：锒铛入狱。

事情的经过是这样：嘉靖朝有一个叫郭勋的人，被封为
"翊国公"。这个郭勋不是个好东西，他仗着皇帝的恩宠，
独揽朝权、作威作福，干尽一切坏事。历史上像郭勋这样的
人物数不胜数，他们本质上就是"皇权的寄生虫"。这样的
人，必定为人们所厌恶和仇恨。但是尽管不少官员弹劾他，
但都没有什么成效。嘉靖二十年九月，千载难逢的机会来
了。当时嘉靖皇帝给郭勋下达文书，命令他和兵部尚书王廷
相一起清查军队服役的情况，郭勋很久都没有接受命令。言
官（专门负责监督和上谏的官员）纷纷上书弹劾他，郭勋耸
耸肩说："有什么大不了的，还需要下诏令？"为此，嘉靖皇
帝很是恼怒。

过了一段时间，有一天晚上，嘉靖皇帝刚好游览西山
（在京城），兴之所至，他就想把郭勋召来，向他交代一些
事情。可是这个郭勋，竟然无故推辞。这一下，那些职责在
身的谏官们再也不能熟视无睹。给事中（明代的监察官）高
时率先跳了出来，对郭勋再次进行激烈的弹劾。结果，郭勋
被下锦衣狱（皇家监狱）。但是，嘉靖皇帝实际上只是想杀
杀郭勋的威风，并不想要把他怎样。于是嘉靖皇帝下密旨，
命令都指挥（相当于公安局长）去掉郭勋的刑具，暂时收
押。不久，郭勋被解送刑部，交由刑部来处理。

试想想，像郭勋这种人，恐怕除了嘉靖皇帝，有谁不想得而诛之。但是钱德洪的同事们都心知肚明，郭勋是皇室恩宠的红人，动不得。只有德洪，完全不顾这背后的利害，一上去就命人把郭勋给按住，绑了起来。然后高声说："刑法，是朝廷的刑法。我一定要奉法办事，即使因此而丧命，也没有什么好避讳的。"他严格按照律法审理，认为郭勋犯下违抗皇命等数十条罪状，理应判处死刑。高时怕这些不足以判处郭勋死刑，又从中加以诬陷，德洪说："你这样做，如何使律法公平公正呢？"其实，朝廷中不少官员都想借此机会除掉他，因此郭勋的罪名像滚雪球一般，越滚越大，越滚越多。嘉靖皇帝对此大为震怒，可是他又不能明显地表现出来。他给出的答复只是："你们再审审看！"其实，他的意思是说："不要再弄他！我要（你们）宽大处理这事！"

　　嘉靖皇帝意识到群臣意见与自己的愿望相左，但也没什么办法。就在两相拉扯的时候，这年冬天，郭勋死在狱中。嘉靖皇帝十分痛惜，他怒不可遏，便下令责罚高时、钱德洪等"办案不力"的官员。德洪因此被无辜下诏入狱，在狱中待了近两年时间。

　　这次的郭勋事件让人不能不想起发生在嘉靖初年的"大礼议"。虽然"大礼议"的重要性和影响力是郭勋事件无法比拟的，但是要看到，其实这两件事都在演绎着同一主题，只是剧情有所不同而已。这个主题，就是皇帝意愿与群臣意见之间的反复较量。结果看上去多是皇帝赢了，但其实只是两败俱伤，而且还伤及无辜。皇权制度只要一天存在，就避免不了这种事情的发生。从这个意义上看，钱德洪是可悲的，嘉靖更是可悲的。

狱 中 论 道

对于有精神信仰的人而言，如果不给他信仰的自由，那么这个地方即使是凌霄宝殿、金山银山，他的生命也会枯萎的。反之，如果他能够坚守自己的信念，同时还可以与同道勤学共勉，那这个地方纵然是寒舍、是监狱，那他也活得有价值、活得很幸福。对于为某种事业而奋斗的那种人来说，监狱，不是地狱，而是一个神奇的地方。在这里，革命志士瞿秋白留下了《多余的话》（1935）；即使如臭名昭著的阿道夫·希特勒，也始终不忘《我的奋斗》（1924）。从纯学术的角度看，谁也不能否认，他们的举动有同样的含义：在狱中不仅要自由地活着，而且还要活出自己内在的精神。

早于他们将近五百年，钱德洪也做了类似的事。嘉靖二十一年（1542），德洪在京城下狱。与此同时，刘晴川、杨斛山、周顺之等因故也被关入牢房。机缘巧合，这几个阳明学人物聚在一起。据德洪《行状》简述，德洪与他们几人每日"相与讲学不辍"。也就是说，德洪把日常的讲会搬到牢房。这些整天和德洪在一起的人中间，有一个叫赵白楼的，对《周易》很感兴趣。他见德洪在《周易》方面颇有研究，就想拜他为师，跟他学习《周易》。于是，德洪带着大家一起沉浸在易学的海洋中。这一段难忘的经历，通过《狱中遇白楼诞日》一诗，依稀可以感受得到。诗中说道：

> 未蒙新诏发，何日释缧囚。喜尔悬孤旦，浊醪过墙头。灯前话平生，与君相劝酬。逢辰正多难，况乃岁月遒。阑暑方流火，凉风忽素秋。繁华被零露，落叶辞芳邱。积疴悲易老，怀恩各未酬。

可见钱德洪对狱中生涯的感怀和珍惜。当然了，讲学的主要内容还是良知学说。在与杨斛山辩论"无善无恶"的宗旨时，德洪强调说："人之心体一也，指名曰善可也，曰至善无恶可也，曰无善无恶亦可也；至善之体，本来虚寂，恶固非所有，善亦不得而有也。"这段话的意思是说：人心本体是有无合一的，你说是善的可以，说是至善无恶可以，说无善无恶也可以。人心本来至善，但原本是虚渺孤寂的，恶不是它本来所有的，善也不是去求得的。

由此可知，钱德洪通过自己的体悟和实践，已经能确信"本体工夫有无合一"的宗旨，这说明他的思想较早期而言，有很大的转变。关于这个思想转变，下面会详细说明。这里要讲的是，由于德洪在狱中勤于学问，因此他的学术造诣更有所精进。德洪自己也感到特别兴奋。为此，他特地写信给龙溪，告知他的思想近况。在《狱中寄龙溪》中，德洪说："亲蹈生死真境，身世尽空，独留一念萦魂。耿耿中夜，豁然若省。乃知上天为我设此法象，示我以本来真性，不容丝发挂带。平时一种姑容因循之念，常自以为不足害道，由今观之，一尘可以蒙目，一指可以障天，诚可惧也。"

钱德洪所说的很多，其实根本一条，就是要时刻坚持修习良知学，确保以身证道。德洪在狱中的这段思想告白，真诚而朴实。虽然没什么传奇色彩，但实质意义上和阳明的"龙场之悟"是同样的。都是在生死之际悟出学问的真义所在。也就是在狱中，德洪以他所悟为内容，创作出《困学录》。这是德洪第一本私人学术性著述，可谓意义重大，遗憾的是，如今已无法读到。

不到两年的时间，说长也不长，说短也不短。钱德洪的狱中生活过得相当充实，更难得的是，他还结交了刘晴川、杨斛山等学友。这些人不仅有志于道，而且还能坦诚以待，并擅于诗赋。钱德洪思想上之所以能突飞猛进，与这些学友的促进不无关系。据黄宗羲《明儒学案》载，他们几个人中，德洪被先行释放出狱。要出狱之时，杨斛山让他作一个临别寄语。德洪说道："静中收摄精神，勿使游放，则心体湛一，高明广大，可驯至矣，作圣之功，其在此乎!"钱德洪在这里还是强调要收摄精神，保任此心。可见经过这场牢狱，德洪对静中工夫有一番体察。

先秦儒家的孟子讲"求放心"，就是要把放逸的良知之心找回来。现在宋明儒要着重强调，怎么使此良心不放逸。阳明的良知学说就是为此问题而寻找出路的。他吸取禅宗静悟的思想，为儒家的圣贤学问提供帮助。德洪也已经深深体会到这一点，因此他十分注重静中工夫。

到目前为止，大概可以看出钱德洪的学思历程：从早年沉浸于朱子学，到后来接触阳明学、拜阳明为师，再到后来他与阳明、龙溪三人的几次讨论，以至到阳明死后整理阳明遗文、参与讲学活动，一直到如今马上就要出狱。他的精神生命基本都属于阳明学，以后也是一样。只不过形式一直在变化，从阳明、德洪、龙溪三个人，后来变成德洪和龙溪以及阳明其他弟子。未来怎么样，谁也无法预料。德洪心想：出狱之后，我要一边整理遗文，一边参与、关注着这些同门的所作所为。至于功名的事，再也不用去理会。

嘉靖二十二年（1543），钱德洪获释出狱，但被革除官职，成了平民。他回到家乡，从此开始长达三十多年的讲学生涯。

讲学三十载

综说三十年

获释后回到家乡的途中，钱德洪心里就已经很清楚，讲学是他今后所要做的事情，也是他想要做的事情。当然了，在讲学期间整理阳明遗文，那是理所应当之举。况且，整理遗文的任务还远没有结束。前面就已经说过，这件事具有复杂性和不可预知性，意思是说，在一定意义上，整理遗文是阳明学运动的一个必然组成要素。无论是在薛侃手中还是在德洪手中，整理和出版阳明学著作基本上是学术团体行为，而这种学术团体行为，往往又以个人或者两三个人的形式进行。它不像今天的出版行业，分工细密、组织严格、权责明确。因此，在一般情况下，像德洪这样的学术著作整理者和出版者，几乎不会有太大的外在压力，并没有谁催促他何时一定要把阳明的哪一著作刻行出来。或许，这就是古代学术著作的出版往往能"慢工出细活"的客观原因之一。考虑到这些因素，我们就不难理解德洪在整理遗文这件事上的心态，那就是：宁愿出得晚，决不能出得烂。

然而，明代的政治就是如此地瞎折腾，从大的方面看，一南一北，搞两套行政机构；往小的方面看，前一年刚刚把钱德洪削职为民，过一年又恢复他做官的资格，让他等候朝廷的任用。幸好德洪不理这一套，安心搞他的学问。不然的话，又把他弄到什么司法单位，他又极有可能会碰一鼻子灰。这样索性不管，反而落得个清净。人们总把"几起几落"当衡量一个政治人物传奇与否的指标，像钱德洪这样一蹶不振的，简直不值一提。其实这是冤枉德洪，因为他根本不是一个政治人物。但是要清楚，在某些领域，德洪本来可以做得很好，无奈时局不轨，他只好成为平民，安心去做他的学问。

没有政治等因素的干扰，钱德洪自此可以真真正正地做他想做的事。从出狱到去世之前的三十多年里，也就是嘉靖二十二年（1543）到万历二年（1574），德洪几乎都在阳明学中度过。这中间，他先后参加或主持的讲会有"复古会"（1546、1549，江西安福）、"青原会"（1548、1556，江西吉安）、云兴书院（1548，江西万安）、"南浦大会"（1549，江西临川）、"水西会"（1549、1554—1556、1558，江西宁国）、"冲玄之会"（1549，江西贵溪）、"嘉义书院会"（1550、1560，江苏常州）、"新泉精舍讲会"（1550，上海）、"南谯书院会"（1552，安徽滁州）、"崇正书院会"（1556，安徽合肥）、"天真书院会"（1557，浙江杭州）、"怀玉书院会"

（1559，江西上饶）、"闻讲书院会"（1560，江西上饶）、"赤城会"（1564，河北张家口）、"新安六邑同志大会"（1565，安徽歙县）等；参与整理或出版的阳明学著作有《传习续录》（1554—1555）、《阳明先生文录》（1557）、《阳明先生文录续编》（1561、1566）、《阳明先生年谱》（1548—1568）、《王文成公全书》（1572）等。

这再次说明，对钱德洪来说，讲学和整理、出版阳明学著述几乎是同时进行的。甚至可以说，两件其实就是同一个事。因为从根本上讲，它们都是围绕阳明学运动而展开的。德洪是如此，龙溪以及其他阳明弟子也不例外。可以说，正是因为有许多像德洪这样的"支流"，才最终汇聚成阳明学思想运动这股汹涌澎湃的大潮。而在明代中后期整个知识界的讲学活动中，阳明学的讲学活动无疑最引人注目，也最具影响力。

然而，不要说将整个阳明学的讲学活动弄清楚，就是把钱德洪一个人的情况搞得头头是道，那也有不少困难。因此在有限的篇幅内，选取几个合适的点来进行刻画，就显得很有必要。其中，"两会两录一谱"是再合适不过的。"两会"指的是"青原会"和"水西会"；"两录"指的是《传习续录》和《阳明先生文录》；"一谱"当然是指阳明《年谱》。

在重点说明这五个点之前，来看一下几件"琐事"：嘉靖二十六年（1547），钱德洪的父亲、"心渔翁"钱蒙逝世。此时德洪已过知天命之年，想必对此事应该能看得开一些。从德洪的活动情况来看，父亲去世之后他并没有一直在家守孝，因为第二年他就去江西参加"青原会"。与之不同的是，母亲去世的时候，德洪虽然也没有放弃讲学等学术活动，但基本都留在余姚老家。这一不同，并不表明德洪对待双亲去世的问题上有亲疏之别，而是因为母亲去世时，父亲仍健在，故在为母亲守孝的同时，顺便在家陪伴年迈的老父亲。父亲一去世，显然就没有这个必要。加之已经应允参加的讲会马上就要开始，因此尽管同样是丧失至亲，钱德洪的行为会有所不同，也是能理解的。并不能因为他没有在家守孝，就认为其中必定有什么不妥之处。

相反，通过另一件事情，可以帮助我们更好地认识钱德洪的为人：嘉靖三十一年，德洪和龙溪先后两次探访同门好友戚贤。第一次是在重阳节，他们得知戚贤因丧子积哀成疾、病重不堪，故而特地赶去慰问和抚恤；第二次是在隆冬腊月，他们想帮戚贤担起讲学一事，完成他的志愿，故专门来为他主持讲学。据说，当时戚贤已重病在身，却仍然抱病赴会。看着他在讲会上谈笑自若，大家又是敬佩又是痛惜。不用多说，一个人对待朋友且能如此，更何况是对自己的亲生父母。

嘉靖三十七年，钱德洪的夫人张氏去世时，他也没敢荒废讲学。以至他自己到耄耋之年，却仍关心着讲学。所以说，总结德洪这最后的三十年，最合适的一个词就是"讲学"。这就是德洪严谨而质朴的一生的写照，它虽然没有什么惊涛骇浪，但仔细梳理一下，也算得上有滋有味。想感受这其中的滋味，就要从"青原会"开始。

"青原会"

所谓"青原会"，就是指青原山的讲会。青原山位于吉安府庐陵县（今江西吉安河东乡），这里风景秀丽、峰峦绵延。而一般人知道青原山，恐怕与惠能的弟子青原行思有关。惠能大师得道之后，广布禅法。他座下有一个叫行思的弟子，后来到青原山行法，使这里成为江南著名的佛教圣地，他因此被后世称为"青原行思"。但青原山不仅是佛教圣地，也曾是宋明理学的重镇。这里说的"青原会"，即是后者的印证。

"青原会"成为阳明学讲会的一大标杆，那是以后的事；目前而言，"青原会"之所以在阳明死后会产生影响，首功应归于邹守益。邹守益本是江西安福人，又是阳明在江西时期一手提拔的弟子，深得阳明器重；更重要的是，邹守益一直热衷于讲学和教育事业，他回到家乡之后，将青原山的讲会打造成当时重要的学术中心。而且，邹守益作为阳明学在江右的执牛耳人物，在他的带领和推动下，罗念庵、聂豹、欧阳德等江西籍阳明后学都积极参与"青原会"事宜。因此，要了解阳明学讲会的盛况，就不得不先了解"青原会"。

嘉靖二十七年（1548）二月，钱德洪和王龙溪应邹守益的邀请，携同门人贡安国等一起参加"青原会"。钱、王一行人到达青原山之前，在丰城（今江西丰城）郊外遇到罗念庵，他们在石莲洞（罗念庵讲学和修身的场所）以及他的家中讨论学问。过后，德洪、龙溪等还一同前往邹守益主持的"复古会"和"惜阴会"，期间逗留了两周左右。对此，德洪特别作了《惜阴会语》，以为志念。他说："今天我和龙溪一起来到青原山的'复古会'，这是时隔九年之后再次来这个地方。如今看到，即使是穷乡僻壤、田夫野老，也都知道有这次盛会。他们没有不敬业安心的，从他们的音容笑貌中难道不足以看出来。先师阳明夫子创发良知之学，现在我们要切实贯彻、落实它。要深究它的原始，深入它的表里，以至引于无穷。"可见德洪对同门主要还是以肯定、褒奖为主，苦口婆心、敦教于行。

六月二十五日，钱德洪、王龙溪以及念庵等人一起参加青原大会，据邹守益《冲玄录》记载，本次会议共有一百六十多人参加，可谓盛况空前。会议期间，德洪、龙溪、罗念庵和邹守益等阳明学干将围绕"已发未发"和"破除私欲"这两个核心议题进行讨论和论辩。从后来的学术发展情况看，在这次会议上，龙溪提出的"见在良知说"引起同门的注意和批评，尤其是聂豹和念庵。后者历时三年写成的《夏游记》，其中就对"见在良知说"进行专门的批评。这预示着阳明创立的学问分化的倾向已相当明显。

其实，早在近十年以前，即嘉靖十八年（1539），罗念庵和王龙溪就对"破除私欲"的问题有过讨论。据《夏游记》载，这次大会，在钱德洪和龙溪面前，念庵又重提旧话，对此德洪表了态，他说："此件工夫零碎，但依良知运用，安事破除！"德洪这话里有棒喝的意味，或者说带有批评的语气。在他看来：整天为如何破除私欲而担忧是不应该的，是零碎的工夫。只要保任良知，依循良知去做工夫就可以，根本不用担忧私欲破除与否的问题。

一旁的龙溪见念庵脸颊微红，连忙给他打圆场，说道："也不完全如此。破除私欲的工夫也是一种有效的方法，不能说完全没有益处。"其实龙溪心里和德洪的看法基本一致，他也不赞成念庵这套做法。因为无论是"见在良知说"还是"但依良知运用"，在钱、王二人看来，都是围绕着致良知工夫进行的。这才是关键。阳明生前很强调做学问要抓住要害，良知学说的要害就在于致良知工夫。德洪和龙溪之所以当面直斥念庵，就是怕他陷于零碎工夫，没有抓住根本。

正当钱、王、罗三人胶着难堪之际，本次大会的主办方代表邹守益过来缓和气氛。邹守益为人正直又善于相处，因此经他一说，大家又开开心心地讨论起来。他对德洪、龙溪二人都很赞赏。在大会的总结发言中，邹守益评价他们："工夫缜密，本体精粹，人人若先师之临乎上也。"意思就是说，德洪和龙溪是我们的榜样，他们已经将本体和工夫都融合为一，做到极致。每当他们上台讲学的时候，就好像阳明夫子一样。邹守益的说法未免有过誉的嫌疑，然而他们二人彼时能讲出阳明学的精髓，倒是比较可信的事。

通过"青原会"，钱德洪和王龙溪在学界的知名度无疑进一步增加，而他们对邹守益以及"青原会"，势必也留下不错的印象。会后德洪和龙溪都心情大好，他们带领门人游览了龙虎山。在龙虎山的冲玄观，他们见此地清幽淡雅，就选定冲玄观为江浙同门聚会的场所。罗念庵陪他们登上爱山楼，并吟诗撰文，以为纪念。

真正有质量、有内容的会议，必须对一些核心问题的解决作出探索，提出各种有益的方案。"青原会"之所以获得成功、吸引人注意，根本上还是因为它做到这一点，而不是因为邹守益擅于办会。不仅如此，经过"青原会"，钱德洪更加深入而全面地认识罗念庵。因此他才决定将阳明《年谱》的部分任务交由念庵来完成。因为德洪看重的，就是念庵刚正不阿这一点。所以从这个事情来看，"青原会"不仅是成功的，更是重要的。这为德洪、龙溪再次赴会打下了基础。而次年于龙虎山冲玄观举行的"江浙同志大会"，在一定意义上就是"青原会"的继续。

在"青原会"期间，钱德洪和王龙溪不仅提出各自成熟的思想，而且还使得他们在江浙同门中更加声名鹊起。应朱衡等同志的邀请，他们"青原会"后去万安精修观讲学。不巧龙溪身体有病，因此没能前去，由德洪独自带领门人前往。精修观的讲会也是听众云集，据阳明《年谱》记载，有一百五十多人参加，可见这次讲学也相当热烈。

在精修观讲完之后，钱德洪马不停蹄赶往增城（今广东番禺）。为什么呢？因为有一件重要的事德洪一直牢记在心，不敢遗忘。这就是去找湛甘泉，请他为去世不久的父亲撰写墓志铭，顺便给母亲也写一篇。去增城的途中，德洪经过韶州（今广东韶关），刚好胡直、邓鲁等阳明后学在此，于是在韶州太守的邀请下，他们一道拜谒阳明先生祠堂，并相互阐发老师的学说。彼时德洪的思想已经比较成熟，因此他对良知学说的理解，多能达到多数门人所未到的境地，所以像邓鲁、胡直这样的，基本还是向他请益。

经过整个秋天的行程，钱德洪于嘉靖二十七年冬到达湛甘泉处。据《明儒学案》记述，德洪不仅求得两篇铭文，还和他讨论了"良知无事学虑"的问题。二人在看法上比较一致，因此此次谈话双方都很开心。要知道，此时的湛甘泉已经八十二岁高龄，犹能和德洪倾心相谈，足见他对这位后辈的看重和喜爱。

"水西会"

在钱德洪参加的讲会中，有一半以上是在浙江周边省份举行的，尤其是江西。可见德洪的讲学足迹遍布江南一带。而在这些讲会中，对德洪来说有两个讲会意义最重大。一个是前面说的"青原会"，另外一个就是"水西会"。至于"水西会"，为何需要特别强调呢？因为德洪不仅多次主持过该会，还在讲会之地再次刻行《传习续录》。也就是说，"水西会"是德洪亲自经营的讲会，必定倾注了他不少心血。德洪为何会常年主持一个不在浙江地区的讲会呢？这件事还得从他自广东返回的途中说起。

嘉靖二十八年（1549）年初，钱德洪从广东返回浙江，途中乘船经过螺川（今江西临川）。正在螺川的王时槐知道此事，便赶到德洪歇脚的地方等候。见到德洪来，就和他一同在船中，以听教于德洪。有一天，他们来到某座山中的一座寺庙，就随性而谈起来。寺中方丈听到他们的谈话，就问："什么叫心没有内和外?"这时刚好有僧人在殿堂里叩钟，德洪就回答道："现在我们听到钟声，但我并没有去那叩钟的地方，那个钟也没有来我这里，而钟声却充满四周和你我心间，由此就可以知道心是没有内外之分的。"王时槐听了，仍不太明白，因此他一路跟着德洪，想多请教请教，直到南浦（今南昌西南）。

南浦曾是江右及门弟子向阳明请益的地方，"严滩问答"后，阳明转赴广东。在南昌西南处的南浦，邹守益、欧阳德、黄弘纲、何廷仁、魏良器等率二三百人候于此地，以请阳明作临别指示。阳明曾交代过："我今天虽然要出山，无暇顾及学问，但钱德洪、王龙溪和你们这些同志要好好修习我的教法。你们若有疑问，可以去浙江找他们（德洪与龙溪），一定会有所得。"如今，这番交代已经过去二十多年，但江右的弟子不敢遗忘先师的教诲，德洪也不敢忘却先生的重托。因此再次来到这里，他决定举行"南浦大会"。江右的弟子当然云集响应。据载，有数百人参加此次大会，德洪在南浦逗留有十几天。这下，德洪在江右同门心中的认可度更高了。

为什么要在谈"水西会"之前先介绍一下"南浦大会"？这都是为了说明一个道理，即王龙溪不在场的情况下，钱德洪在阳明后学中的号召力同样不容置疑。并且，他向人们展

111

示了自己独自主持讲会的能力。这看上去不是一件大事，但它在说明"水西会"时就会扮演不可或缺的角色。

嘉靖二十八年五月，钱德洪和王龙溪同赴泾县（今安徽宣城）的"水西会"。说来也怪，这个"水西会"又是从哪里来的？我们已经知道，"青原会"可以说颇有来头。它前有阳明开讲，后有邹守益等人鼎力加盟，因此会成为众多讲会中的佼佼者。这个"水西会"呢？是阳明曾驻足过，还是有邹守益这样的能人操办？好像都没有。"水西会"的重要之处，就在于它是从"无"到"有"。

据《龙溪会语》载，原来情形是这样的：嘉靖二十七年春，钱德洪和王龙溪应邀参加"青原会"。在这两三个月的路程中，他们正好取道于泾县。在泾县时龙溪就想："现在他们江右的'青原会'搞得风生水起，我们是不是应该也搞一个属于自己的讲会？"正好此时许多同人听说他们到了泾县，就都跑来相聚，"信宿而别，汹汹若有所兴起"。大家都觉得如此聚会讲学甚好，都有将泾县设为讲会场所的意向。龙溪敏锐地意识到这个动向，就和德洪商量，德洪也觉得如此很好。他们就相约好会期，准备来年春天再聚。也就是说，"水西会"约定于德洪和龙溪参加"青原会"之前。

这一点充分显示出王龙溪的睿智，以及阳明学讲会活动的热烈。大家心底都较着劲，都怕自己的讲会"门前冷落车马稀"。因此表面上看来，"水西会"和"青原会"没有什么瓜葛，其实它们之间并不缺乏联系。这个联系的纽带不是别的，就是讲学意识。正是在这种充满竞争意味的讲学意识的推动下，嘉靖二十八年第一次的"水西会"搞得有声有色。据称参会者人数比"青原会"还多，达到二百三十多人。

既然"水西会"要搞得比"青原会"更好，那么"水西会"在迈出第一步之后，紧接着就是要常规化。常规化首要考虑的便是主持者的问题。钱德洪和王龙溪心里都很清楚，"青原会"之所以搞得好，与邹守益等人的加盟和主持密不可分。而"水西会"要想长久地进行下去，主持者势必要有足够的威望。他们思前想后，都觉得目前找不出其他的合适人选，因此就由他们自己轮流主持。

相对来说，这个对策是最可靠的。钱德洪已具备独自主掌讲会的能力和经历，而王龙溪则更不在话下。那么，第一次"水西会"的主持者是谁呢？现存文献没有给出直接的答案。但据彭国翔《王龙溪先生年谱》的相关论证，可以推测出德洪先后主持过嘉靖二十九年、三十一年、三十三年、三十五年和三十七年共五次的"水西会"。那么很显然，嘉靖二十八年首次的"水西会"就是由龙溪主讲。但这些说法也不能绝对化，因为一旦有特殊情况发生，则主持者会不会

113

临时改变，就无从知晓。

纵览德洪这五次的主会经历，会发现一个现象，比如嘉靖二十九年、三十一年和三十七年这三次主讲，似乎没什么可说的。而嘉靖三十三年和三十五年的讲会，就得好好说道说道。

自嘉靖二十八年试水成功以来，"水西会"逐渐培养起它的知名度和影响力。在大好形势的推动下，一系列"配套设施"也陆续到位。巡按御史闾东、宁国知府刘起宗建水西书院，以祭祀阳明，顺便为讲会提供场地。除水西书院以外，阳明学者同时还兴建了多间会所，以备讲学需要。这些设施建好以后，嘉靖三十三年（1554），刘起宗举行"宁国六邑大会"，礼聘钱德洪和王龙溪来会。正是在这一次的"水西会"期间，德洪两次刻行了《传习续录》。可见此次"水西会"成果颇丰。

与之比较，嘉靖三十五年的"水西会"就显得平淡得多。现有文献告诉我们，在前往泾县的途中，钱德洪和王龙溪参加了广德（今安徽宣城）的"复初会"；而刚到泾县不久，主持者德洪又被沈宠邀至崇正书院。这年五月，沈宠亲自前往"水西会"迎接德洪。这一下"水西会"只能结束或改由龙溪主持。在崇正书院的仰止祠，德洪带领阳明学者一百一十多人共同祭祀阳明，受沈宠的嘱托，德洪还撰写了一篇记文《仰止祠记》。更重要的是，在这里，德洪把《传习录》编成上中下三卷，并予以刻行。这一版的《传习录》，就是如今通行本的雏形。

钱德洪在《仰止祠记》中反复强调一个东西，那就是"良知"以及对"良知"的信从。他说："三代而降，世衰道微，而良知真体炯然不灭。故夫子一登其端，而吾人一触其几，恍然如出幽谷而睹天日……诸生今日之得若火燃泉达，能继是无间，必信其燎原达海，以及于无穷，斯为真信也已。"大意是说，现实社会世道衰微、人心不古，但人人所具备的良知没有消灭。阳明夫子将良知的学说创立，我们要深信它、继承它、发扬它。德洪刻行《传习录》的目的也在于此。

所以说，无论是与前一次相比，还是与后面的讲会相比，嘉靖三十五年的"水西会"都显得太过平淡。以至于无话可说、无事可记。那为什么还要拿出来说道说道？因为正是通过这次讲会，可以使世人了解一个真相：大凡是常规化的东西，在一定意义上就意味着平常化甚至庸俗化。这就像生活的湖水，风平浪静才是常态，波涛汹涌那是"变态"。

除此之外还有一点，即"水西会"虽然名义上是由王龙溪与钱德洪轮流主持，但实际情况则很难说清。如嘉靖三十五年的讲会，到底是由德洪一个人主持，还是德洪主持一阵之后交由龙溪主持，目前都不好下定论。

《传习续录》和《阳明先生文录》

本书一再提到，钱德洪讲学的过程同时就是他整理、出版阳明遗文的过程，这一点从他参加"青原会"开始就表现得最明显。在嘉靖二十七年（1548）年的"青原会"期间，经过种种考量，德洪已将阳明《年谱》的部分任务交给罗念庵。也就是说，如果念庵在接受任务之后便立即着手撰写，那么阳明《年谱》的动工时间最早可以追溯到 1548 年。当然了，这只是一种理想化的推论，因为嘉靖二十七年与德洪、王龙溪分别之后，念庵投身写作的首先是《夏游记》。而德洪着手撰写的时间比念庵还晚，可能要到嘉靖三十五年（1556）或以后才开始。这是阳明《年谱》的情况，下面会详细交代，这里需要谈的是在嘉靖三十三年至三十六年这四年间，德洪陆续整理和出版的阳明遗文，即《传习续录》和《阳明先生文录》。

其实早在嘉靖三十二年秋，钱德洪刻行《传习续录》的动机就已经孕育。彼时他和何迁、刘起宗等会于南畿（今安徽滁州）时就说："谓师门之教，使学者趋专归一，莫善于《传习录》。"意思是说，按阳明门下的教法，要使众同门逐渐形成统一的认识，最好的办法就是修习《传习录》。于是嘉靖三十三年的"水西会"期间，在刘起宗等人的协助下，德洪刻行了《传习续录》。这一版本的《传习续录》，后被称为"甲申（嘉靖三十三年）水西本《传习续录》"。一年之后，德洪复刻《传习续录》，即后来的"乙卯（嘉靖三十四年）水西本《传习续录》"。

钱德洪两次刻行《传习续录》的目的只有一个："使学者各得所入，庶不疑其所行云。"也就是说，要使阳明学者各有所得，同时又能勇于实践。在"乙卯水西本《传习续录》"的序言中，德洪进一步交代了复刻的原因。简而言之，德洪不满意于同门曾才汉所采辑和刻行的《阳明先生遗言录》，于是他删掉三分之二的内容，把它改名为《传习续录》后再次刻行。但据吉田公平先生研究，德洪一生曾先后四次编辑和出版《传习续录》，其刻行顺序和时间与我们所说的有出入。这些问题尚无公论，因此只能有待于进一步的研究。

与《传习续录》的编辑、出版方面都存在争议有所不同，《传习录》几乎没有什么问题。后者就是钱德洪在崇正书院期间刻行的，这一件事基本可靠。而与《传习录》一起重刻的，还有《阳明先生文录》（简称《文录》）。据德洪自己交代，嘉靖十四年（1535）《文录》始刻于姑苏（苏州），是为"姑苏本"《文录》；到嘉靖三十六年（1557）时，四面八方的学者来到天真书院集会、讲学，都想一览阳明先生的文字，但苦于难以寻觅到《文录》。也就是说，时隔二十多年后，《文录》成了名著，但原版数量有限，因此再版就是势在必行。

为此，钱德洪和王龙溪找到胡宗宪，让他一起想想办法。德洪就说："眼下大家都很渴望读到《文录》，虽然时间急迫，我们可以在姑苏本的基础上加以校正，然后马上在天真书院刻行，以嘉惠于后辈学者，怎么样?"胡宗宪一听，觉得很好。于是他就捐资并安排人手筹划再版事宜，终于使《文录》在这年的九月份再次问世。也就是说，《文录》和《传习录》的重刻，都有赖于胡宗宪的直接推动，因此它们的情况比较清晰;而《传习续录》在编辑和出版的过程中之所以都存在问题，原因当然是多方面的，但缺乏像胡宗宪这样强有力的支持者和掌控者，或许才是症结所在。

这是不是说在整理、出版阳明遗文的过程中，像钱德洪这样的角色就不重要了呢? 不是这样的。对于整理、出版遗文这件事来说，德洪和胡宗宪这两种角色理论上都不可缺少。换句话说，缺少胡宗宪是不好的，而缺少德洪则是万万不行的。再说，德洪的理念很明确，就是在"师门之教，使学者趋专归一"的基础上，"使学者各得所入，庶不疑其所行云"。简单地说，只有统一认识，才有清楚的认识，才能各有所得。正是抱着这样的理念，德洪果断删除在他看来容易造成混淆和误解的阳明遗文。这样做的初衷，当然是为了将阳明思想中最精粹的部分留下来，然而与此同时也造成许多缺憾。"乙卯水西本《传习续录》"就是这样的典型。

难能可贵的是，钱德洪晚年意识到过多删除阳明遗文造成的后果：那就是使学者对阳明学的理解不是清楚统一，而是更加五花八门。因此他要力求弥补自己的偏失：嘉靖四十五年（1566），七十一岁的德洪汇集《文录续编》六卷，刻行于嘉兴（今浙江嘉兴）；隆庆二年（1568），德洪增订了阳明《年谱》，补录了附录部分；隆庆四年，德洪同意将《三征公移逸稿》四卷作为《文录续编》的内容并予以刻行；隆庆六年，已经七十六岁的德洪参与《王文成公全书》的刻写。至此，德洪不仅一步步地弥补以往的错误，还在人生的暮年参与阳明学编著史上的盛事。

《阳明先生年谱》

前面已经把"两会两录一谱"中的"两会两录"谈完，这剩下的"一谱"为何要放到最后来说呢？很简单，因为它持续的时间最长。在"青原会"期间，钱德洪将阳明《年谱》的部分编撰任务交给罗念庵。据后者自己交代，年谱事宜也是"青原会"讨论的论题之一。因此，想必德洪、龙溪、念庵、邹守益等人一定商量过此事。至于他们到底是如何分工合作的，则只有到后来才逐渐清楚。反正在"青原会"期间，念庵已经接受了这一光荣的使命。这种使命感一方面表现出阳明学的魅力所在，另一方面更加说明阳明《年谱》不可能是某个弟子私人的事情。德洪深知这一点，因此他要在"青原会"这么个重大场合和同门进行商讨。

照理来说，罗念庵都承担了一部分撰写任务，那王龙溪就更不能少。但是从实际情况看，龙溪似乎没有撰写阳明《年谱》，而是直接参与《年谱》后期的校订和修改工作。如此一来，撰写《年谱》的主要任务就由德洪来完成。其实原来不是这样安排的，据阳明《年谱附录一》记载，《年谱》的任务本来是由薛侃、欧阳德、黄弘纲、何廷仁、龙溪和德洪等人来分摊完成，最后交由邹守益统稿，德洪分到的只是从阳明出生到"龙场悟道"这一部分。不料后来人事变迁，原来分配好的任务不可能顺利进行，于是邹守益索性把《年谱》的其余部分都交给德洪。不过在此之前，德洪似乎并不知道此事，他只是一心想着，安安心心地完成自己的任务就好。

然而由于忙于讲学，加上一些琐事的烦扰，钱德洪的这项任务一直没能真正开始。但在嘉靖二十九年（1550），即"青原会"的隔年，德洪获得一个千载难逢的机会，于是他就把自己的任务完成。那时在嘉义书院，同门好友定期来会，"常不下百余人"，可能彼时德洪精力颇好、意兴又高，加上学友们的热情鼓励，因此他不仅完成《年谱》的任务，而且还刻行了阳明的另外两篇遗文：《朱子晚年定论》和《山东甲子乡试录》。

一晃五六年行将过去，当初撰写的初稿越看越不像回事，越想越觉得不安。这就像写文章，刚写完会觉得"很完美"有一种"舍我其谁"的感觉，几天后会发现有不少问题，过了几个月或者更久再来看，就觉得当初我不应该那么写。钱德洪难免也有同感。所以在嘉靖三十五年（1556）的夏天，再次来到"青原会"时，他便和邹守益等人商议，如何才能更好地完成《年谱》。没有想到的是，邹守益竟然把所有任务都交给自己，并嘱托他尽早完成。德洪刚开始就懵了，待邹守益说出其中的原委后，他很郑重地接受了这个艰巨的使命。

从嘉靖三十五年开始，邹守益就不断来信询问、催促德洪。钱德洪也不敢怠慢，但苦于诸事烦扰，时常无心专门来做此事。直到嘉靖三十九年，邹守益的催促更加急迫，德洪似乎也意料到他的用意。于是他再次来到嘉义书院，并暂时寓居在此地，以安心完成《年谱》。经过近两年的写作，德洪终于在嘉靖四十一年（1562）完成了阳明《年谱》的草稿。他兴高采烈地跑到江西安福去找邹守益。首先是告诉守益这个期盼已久的好消息，然后准备和他一起校对草稿。

正当钱德洪就要见到邹守益满怀憧憬的时候。他在南昌听到一个噩耗："邹守益去世了！"德洪怔住了，他不想相信噩耗会来得这么快。德洪一手捏着《年谱》草稿，瘫倒在地，悲痛不已。稍微缓过来，他便和胡松（1503～1566）等人一同前往吊唁。在返回的途中，德洪想拿《年谱》就正于罗念庵。那时念庵正在石莲洞中闭关，德洪跑到洞外边，拿出《年谱》大声朗读起来，还没读片刻，念庵就走出来，感叹说："阳明夫子的学问，是从艰难困苦中体悟出来的，经过前后三次的磨炼，最后才通达到大道的境界。如今的学者口谈'良知'，把它看成是件极其容易的事。这是多么不幸！"于是就和德洪一起校正《年谱》。

罗念庵不仅答应帮忙，还督促钱德洪住到怀玉书院（位于江西上饶），以专心《年谱》的写作和校订。如此一来，《年谱》的进展就顺畅得多。过了不到半年，德洪拿出《年谱》初稿。初稿完成后，德洪推开怀玉书院的门窗，看到美妙的景色，不禁吟出一首诗：

> 地绝人寰未觉遐，归途回首隔烟霞。七盘云磴凌天寨，九叠溪声落少华。翠峪有田堪种玉，深林无路自成家。游人到此俱仙侣，何必天台学饭麻。
>
> （《再上怀玉山》）

这种开阔、洒脱、自然的诗，恐怕只有在历经千万磨砺后轻松惬意的时候才能写出来的吧！

嘉靖四十二年（1563）四月，阳明《年谱》正式完成。五月，钱德洪与王龙溪一同校阅《年谱》，最终审订后，初刻于天真书院。为此，德洪特地作《阳明先生年谱序》，简述该谱的来龙去脉。六月，德洪带着刚刻好的《年谱》再次探访罗念庵，念庵很高兴，也作了一篇序文，是为《阳明先生年谱考订序》。自此，阳明《年谱》基本宣告完成。时德洪六十八岁，龙溪六十六岁，最年轻的念庵也已到花甲之年。

也就是说，最终真正参与阳明《年谱》事宜的，主要有三人，其中以钱德洪出力最多、贡献最巨，其次是罗念庵和王龙溪。《年谱》完成后，德洪、念庵对它都比较认可，那么龙溪是如何评价的呢？据现存文献记载，阳明《年谱》完成后，龙溪也作了一篇《阳明先生年谱序》，并在序中说了一段意味深长的话。龙溪说："友人钱洪甫氏与吾党二三小子虑学脉无传而失其宗也，相与稽其行实终始之详，纂述为谱，以示将来。其于师门之秘，未敢谓尽有所发，而假借附会，则不敢自诬，以滋臆说之病。善读者以意逆之，得于言铨之外，圣学之明，庶将有赖，而是谱不为徒作也已。"

王龙溪说这些话，不管他是站着说话不腰疼也好，还是酸葡萄心理在作祟也罢，但都不能否定，在三人的评语中，他的话最见诸真章、最具有参考价值。为什么这么说？这是因为龙溪对阳明《年谱》既有肯定，更不乏批评，并且他的批评既合情合理，又切中要害。龙溪的大意是说：我的好友钱德洪和我们几个人担心阳明先生的学问无法传承、失去宗脉，因此费尽心力，撰成《年谱》，以指示后来的学者。但《年谱》并没有完全阐发出阳明先生的思想宗旨，其中还有不少假借附会的东西。善于学习的人应该透过这些言辞以及外表的浮藻，直探底下思想的珍珠。只有这样，先生的学问才能有所依赖，《年谱》的撰写才不至于徒劳无功。

可见，作为《年谱》的间接参与者，王龙溪的这番话更应当引起人们的重视。可能正因为他没有直接参与撰写阳明《年谱》，所以他在评论的时候，才可能如此冷静与客观。学术活动并不排斥情感，"双 L 情结"（逻辑 Logic 和情感 Lyric）大概每个学者都会有，但如何处理好这两者的关系，就要看当事人的选择。在阳明《年谱》这个问题上，德洪和念庵偏向后者，龙溪则选择前者。

晚 年 行 迹

对于一个真正的学者来说，肉体的生命存在一天，学术的生命便会存在一天，以至于肉体消失，他的学术还会继续存活。阳明不就是如此嘛！只不过他活在钱德洪、王龙溪、罗念庵、邹守益他们身上。前面讲到，完成阳明《年谱》时，德洪已经年近七旬。在五百多年前的明朝，七十岁也得算是高龄。也就是说，阳明《年谱》诞生之际，它的作者却是几个老人家。

《颐闲疏》

这里并没有在渲染一种悲壮的气氛，我们只是想说，阳明《年谱》确实来之不易。钱德洪已经老了，但他的精神头却一如以往。像他和王龙溪这两大"王门圣手"，直到七八十岁，仍不废讲学和出游。嘉靖四十三年（1564）春，德洪与同门王敬所在河北共同举行"赤城会"，毫无疑问，阳明《年谱》将成为会上讨论的话题之一。这一年，德洪还去信和念庵讨论《年谱》中的相关问题，想不到信件还没到，念庵就去世了，真让人唏嘘不已。

"赤城会"后，钱德洪回到杭州天真书院，第二年四月中旬，他又参加在安徽举行的"新安六邑同志大会"。这个大会，是由以前的"水西会"扩展而来的。德洪和王龙溪自然都很重视，也怀有一份特殊的感情。关于此次大会，学界还没有形成一致意见，有学者指出德洪不一定参加，还有的学者则推定他应该有参加。不管怎么样，尽管这个会议由德洪和龙溪轮流主持，但并不排斥他们俩同时参加，所以说，就一般的情况而言，这次大会德洪是参加了的。况且，这次大会将是德洪最后一次出游讲学，他哪有不参加的道理！

钱德洪的《墓志铭》说："年七十，作《颐闲疏》告四方，始不出游。"意思是说，我德洪已经不能去很远的地方出游讲学，还望各位同门学友海涵见谅！其实，德洪只是不再远游而已，近游还是会考虑的，至于讲学，更是不会停止。德洪仍然热情地邀请四方同志参加天真书院春秋两季为期一个月的讲会。为此，他特别作了一篇《颐闲疏》，可惜这篇文章现已不存，现在只能靠王龙溪为德洪撰写的《行状》，拣出只言片语，并依靠想象力的帮助，来感受德洪那时的心境。《颐闲疏》并不是德洪的"退休书"，而是他终生为学的见证。

钱德洪在《颐闲疏》中说："古人到七十岁的时候，都说自己已经老了，要把事业传下去。年富力强时就要尽忠职守，衰老疲乏时就应安养身心，因此到七十岁这个年纪，在朝当官的就要告老还乡，在家里面就要把家事传给子孙后代，这都是顺应时势和命运的安排，顺从人心的举措。"德洪背后的意思是说，学问这回事虽然也要传下去，但我还是会做力所能及的事。

作完《颐闲疏》之后，钱德洪就开始待在天真书院。第一个接受他的邀请来到杭州的，不是别人，正是王龙溪。年近七十的龙溪，身体依然健朗，来到杭州之前，他分别去了南京、新安和南昌，所到之处无不昼夜讲学。到杭州之后，龙溪不仅去了天真书院的讲会，还到平湖的天心精舍讲会；之后，他又应唐枢的邀请，相聚金波园……

如上种种行迹，仿佛不是一位近古稀之年的老人所为，而是一个三四十岁的青壮年的行径。这就是王门讲学精神的魅力啊！钱德洪看到王龙溪仍然到处奔忙，自己也没有闲着，他在天真书院又重刻了不少阳明遗文。

《王文成公全书》

嘉靖四十五年（1566），钱德洪在杭州刻行《阳明先生文录续编》（简称《文录续编》）。这件事的经过是这样：《文录》早在三十多年前就刻行问世，后来由于各方面的需要，德洪又在嘉靖三十六年（1557）进行重刻。这次重刻内容并没有多少改变，仍依循着德洪"宁缺毋滥""精益求精"的原则，因此没有增加丝毫以往遗漏的文献。而在近十年内，有些同志陆续将以往遗漏的文献寄给德洪，意在让他考虑加入到原版之中。日积月累，竟汇集成六卷。这个时候，德洪已经有意将这六卷文献刻行，恰好嘉兴知府徐必进又进言说："刻行阳明先生遗文这件事，是关系到师门学术发展的事，不可不考虑周全。"由此《文录续编》很快得以问世。

值得一提的是，与《文录续编》一同问世的还有《阳明先生家乘》（《世德纪》）。《世德纪》为王正亿所录，但徐阶在《王文成公全书序》中说它是钱德洪和王龙溪所作。这时徐阶已身为内阁首辅，正所谓"位高权重""一言九鼎"，他的话自然要加以考虑。也就是说，德洪、龙溪二人至少可能参与过《世德纪》事宜。无论如何，《世德纪》一出版，人们就可以更好地了解阳明的身世和品行。这为阳明和阳明学的"正名"添加了砝码。

更关键的是，这一年，阳明和阳明学获得官方认可的契机悄然来临。在耿定向等王门同志的努力下，登基不久的隆庆皇帝和朝廷决定，赠予阳明新建侯的头衔，并赐封号"文成"。这次的肯定，只是官方认可阳明及阳明学的第一步。隆庆元年（1567），耿定向、王好问、辛自修等廷臣联名上疏，歌颂阳明的功德，后根据吏部的意见，由徐阶起草文告，对阳明进行全面肯定和褒扬。据《万历野获编》记载，尽管此时为阳明正名的声势浩大，但只有薛瑄得以从祀孔庙；直到万历十二年（1584），阳明才获得这一张比金子还珍贵一万倍的从祀孔庙的通行证。

要知道，整个明代的读书人，好比天上的星星，数也数不清。但只有四人成功从祀孔庙，除上面提到的薛瑄和阳明之外，还有比阳明晚一年从祀的胡居仁和陈献章。也就是说，在官方的意识中，他们就是这天上所有星星中最亮的那四颗。想一想，这等荣誉是何其珍贵啊！

从直接作用层面来说，阳明被官方认可这件事，似乎都是徐阶、耿定向他们的功劳，与钱德洪没有关系。然而如果从学术思想的传承和发展来看，德洪、王龙溪这些人的贡献，就远比徐阶、耿定向他们大得多。而随着阳明学逐渐被朝廷认可，德洪随之也有所收获。隆庆元年（1567），七十二岁的德洪竟差点再次被任用，但朝廷考虑到德洪的年纪实在不小，因此就给他个退休大夫的荣誉和待遇。

隆庆六年九月，谢廷杰来浙江刊行《王文成公全书》（简称《全书》），对阳明遗文进行全面检索和清理，把尚未收录的文献都予以刻行出版。这些文献总共五卷，题名同为《文录续编》；而王正亿所录的《阳明先生家乘》，被改名为《世德纪》，并附在《全书》的末卷。也就是说，这一次刊行的《全书》，德洪又贡献了《文录续编》。至此，在整个三十八卷的《全书》当中，德洪直接参与整理或编撰的有《传习录》《年谱》《文录》以及《文录续编》。除此之外，很可能还有《世德纪》。从数量和重要性上来说，都无出其右者。这一次《全书》的出版极其重要，是阳明学历史上的大事。现在想要了解或研究阳明学，都不能绕过这一版本的

《全书》。

卒于表忠观

到隆庆一朝，阳明学自我更新和转化的速度加快。阳明的早期弟子，如方献夫、黄绾、薛侃、邹守益、欧阳德等人，都已经先后谢世，钱德洪、王龙溪等也已经走到生命的暮年。此时，阳明学最为活跃的身影要属李贽、焦竑、罗汝芳、何心隐、王时槐和耿定向他们。这些人所演绎出来的精彩，丝毫不亚于他们的前辈。只不过随着时间的推移，阳明学的分化越来越超出合理的范围。

估计钱德洪也意识到这一点，只是他已经走不太远，不能到处去讲学、申明师门学问的宗旨，而王龙溪还在不知疲惫地四处奔走。隆庆二年（1568），钱、王二人的弟子周恪在遂安县（今浙江淳安）修建了瀛山书院，龙溪为这件事写了一篇记文。德洪也打算写点什么，可是身体一直不好，就没有写成。直到两年后的夏天，身体情况有所好转，他就写了一篇《瀛山三贤祠记》。在这篇记文中，德洪重申学问贵在自得的道理。因此，隆庆四年春，当王时槐来访时，他又将这个道理阐述一次。过后，王时槐认为德洪"论学淳切"，也就是说，德洪讨论学问淳正切实，一点也不矫揉造作、凭口空谈。这的确是德洪思想的本质特点。

王时槐拜访钱德洪的地点很特殊。嘉靖三十九年（1560）六月，胡宗宪在灵芝寺重建表忠观，德洪作为武肃王钱镠的后代，受命负责看守此观。他认为很有必要把钱氏世庙建起来，就在这一年，钱氏世庙在余姚胜归山的玉屏峰下得以重建。胡宗宪特地题词："钱王表忠祠"；德洪作《余姚钱王表忠祠记》，以为志念。也就是说，钱王祠的重建意味着德洪精神上做好了归入钱氏族谱的准备。因此，十年后，王时槐在这里拜访他，就显得特别意味深长。

历史总有让人意想不到的剧情。朱载坖三十岁登基，只做了六年皇帝，就一命呜呼。想想也是，像他这样身体本来就不好，还痴迷于后宫生活，当然容易元气大伤、容易丧命。隆庆皇帝驾崩后，他的第三个儿子朱翊钧即位，是为万历皇帝。所以说，连钱德洪自己都没有想到，他在垂暮之年还能再侍奉一位新君，并且因此官升一阶。至此，德洪已经是经历四朝的老臣。

万历二年（1574）九月，秋高气爽，钱德洪寓居在杭州的表忠观，继续为祖先守灵。其实，德洪也是在等待生命最后的那一刻。然而他还是挂念着同门的讲会，有一天，德洪偷偷瞒着仆人，一个人收拾行装，作了生命中最后一次出游讲学。据德洪《行状》和《墓志铭》记载，十月二十六日，即德洪去世前一天，他如往常一样整理好衣冠端正地坐在书房，他凝神屏气，似乎在与什么交流。如此情状，直到午夜时分，他的气息逐渐微弱。凌晨，"奄然逝矣"。德洪就这么安静而平常地走了，时间为十月二十七日丑时。

这一年的十二月有闰月，在闰十二月初三的这天上午，亲友们把钱德洪安葬在他生前选好的地方，即玉屏峰下。这里"生活"着德洪的祖先和族人，此刻，他终于加入到祖宗的行列中。德洪死后，王龙溪给他写了《行状》，吕本则写了《墓志铭》。德洪留下两个儿子以及孙子、曾孙若干，也算是了无牵挂。其实，除有为数不少的子嗣外，德洪还留下《绪山会语》(二十五卷)、《绪山集》(二十四卷)、《濠园记》(一卷)等为数不少的个人著作。遗憾的是，这些著作绝大多数都已佚失。

如果说钱德洪还有什么牵挂的话，那就只有阳明学。自打拜师的那天起，阳明学就是他一辈子的牵挂。

第5章

钱德洪的哲学思想

　　虽然本书力图以钱德洪为主角，来说明他的生命内容，但不容否认：阳明学基本上填满了德洪一生中每一段光阴。因此把德洪的生命历程概括成"为阳明学的一生"，应该比较贴切。中国的知识分子常常追求一种境界，那就是生命和学问的一体。现代大儒牟宗三先生甚至将儒家的学问称为"生命的学问"。这落实到德洪身上，也是如此。我们称他的一生是"为阳明学的一生"，就根本意义上来说，是因为他的思想不仅继承、发扬了阳明的学说，还在一定程度上有所发展。以下，先简单介绍德洪的思想性格与思想历程，然后比较详细地谈一谈其中的几个表现。德洪的思想性格与思想历程，用"把揽放船"和"学凡三变"可以作初步鲜明的概括。

思想性格与思想历程

"把揽放船"

对于钱德洪的思想性格，和他有过频繁交往的师友都有看法，而且这些看法往往是把他和王龙溪放在一起比较而言的。其中有一个人的看法首先就值得介绍，这就是阳明的评价。作为钱、王的老师，阳明对他这两位高足的评语是"德洪资性沉毅，汝中资性明朗"。也就是说，阳明认为德洪沉着、坚毅，龙溪明快、利朗。作为最熟悉他们的人之一，阳明的这种说法显然很有洞察力和说服力。还有，与钱、王交往密切的同门薛侃则说："绪山善吸引人，龙溪善省悟人。"这是从二人的交往过程中得出的印象，虽然比较粗糙，但也能反映出他们各自的思想特点。

将钱德洪和王龙溪的思想性格揭示得最为精准、最有意味的，恐怕还有待于明末清初的黄宗羲。在《明儒学案》中论述钱、王二人的思想性格时，黄宗羲形象地称龙溪是"悬崖撒手"，德洪是"把揽放船"。"悬崖撒手"原是禅语，出自禅宗经典《景德传灯录》。它一般指面临某种局面时要大彻大悟，也就是上面薛侃说的"省悟"。与此相对照，"把揽放船"则反映的是一种谨慎拘谨的心态。可想而知，手把缆绳操纵在水中行动的船只，即便是熟练老道的船家，也不敢掉以轻心，更何况一般人。因此，黄宗羲用"把揽放船"来刻画德洪的思想特征，即使不能说完全准确，但至少已经入木三分。另外，德洪本人也经常将学问比喻成操舟（驾驶船只），可见这种操舟的心境是很符合他所理解的学问精神的。

那么，用"把揽放船"这四个字简括钱德洪的思想性格是否合适？就一般意义而言，这没多大问题。但如果放到学术研究中来看，就不是这么回事。简而言之，尽管"把揽放船"已经将德洪的思想特征作了很好的揭示，但同时它也造成某种遮蔽。就是说，德洪的思想并非如后世学者所普遍认为的那样，比较强调后天的工夫实践，轻视先天的本体确证。这本是学术研究要做的事，在这里说破这一点，是想提示大家，不要被一贯的观点所迷惑。

对于钱德洪来说，那种认为他思想性格上谨小慎微、学问观点上偏重后天工夫实践的看法，就是一贯的观点。现在只要稍微认真看看德洪自己说的话，再来进行反思，就不会赞同这种常见的观点。如果再梳理下这种观念史，那就会发现：原来这种看法是在与王龙溪的多次对照之下形成的。前面已经看到，无论是阳明、薛侃，还是黄宗羲等，无一例外地都把钱、王二人对照起来进行评点和说明。这就无形中使人们形成一种印象，那就是德洪与龙溪果然在思想上是对立的。事实是否就是如此？显然不是。

一方面，钱德洪曾经对王龙溪的思想作出中肯评价，并认为两人在思想上有接近或一致之处；另一方面，龙溪也曾对德洪思想上的变化感到欣喜，并表示德洪与自己表达了相同的思想。可见，至少从这两位当事人来说，他们并不觉得二者之间存在思想上的鸿沟。后来人们普遍将他们的思想对立起来，最大的缘由，可能就是著名的"天泉证道"。也就是说，后世将德洪对四句教的理解称之为"四有说"，将龙溪的理解称为"四无说"。因而把这两种说法看作是对立性质的理解。显然，这种做法也是有问题的。第一，德洪的理解能不能算得上"四有说"，这一点很值得商榷。第二，这种做法更容易忽视一件关键的事情，那就是德洪和龙溪的思想都是在变化中发展的，尤其是德洪。

关于第一点，将留到讨论德洪的哲学思想时进行说明，这里先看看第二点。

"学凡三变"

其实，钱德洪的思想道路，和他的老师阳明一样，也有一个"三变"的历程。一提起阳明，除了他那传奇的经历之外，大家对他学术思想的变化似乎也不陌生。据《明儒学案》记载，阳明先生追求学问，刚开始迷恋文章辞藻一类的东西，后来又疯狂地阅读朱熹的书，其后又出入佛教和道教，直到"龙场悟道"，才真正以儒家学问为精神所向。"龙场悟道"之后，阳明又经过三个阶段的变化，他的良知学说最终才达到有无合一的纯熟境界。由此，有学者将阳明思想的变化历程形容为"前三变"和"后三变"，这是有一定依据的。

在还没有拜在阳明门下之前，德洪基本上还只是一个中规中矩的读书人。整天诵读着传统儒家经典，埋首于被官方钦定的朱子书目之中，以至尚不知"圣人学问"为何物。尽管偶读《传习录》给他造成一定的冲击，但这一冲击无疑十分有限。如同一阵微风经过整片大海，不可能掀起巨浪。直到德洪意识到良知学说的意涵，进而拜倒在阳明门下之后，他的思想才开始产生实质上的变化。

钱德洪的思想经过"三变"的过程，指的就是从他拜入阳明门下开始，其思想所经历的三个阶段。事情的大致过程是这样的：在阳明刚刚揭示致良知学说不久，德洪就开始思索这一学说的含义。所谓致良知，就是如何使良知得到推行和实现。因此致良知本身就是良知学说的一个主要内容。德洪认为，"为善去恶"的工夫就是致良知。这种观点和他对四句教的理解有密切关联。后来，经过阳明的指点以及和王龙溪的反复讨论，德洪认为良知是"无善无恶"的。这就表明他对四句教的理解已经发生变化，不再完全坚持以往的看法。最后，德洪的思想态度又有所转变，他说："无善无恶的东西都是一种意见，并非良知。我只有依靠我的良知，认为是善的事情就做，认为是恶的事情就去除。"这最后的说法，可概括为"但依良知运用"。可见，从"为善去恶"到"无善无恶"，再到"但依良知运用"，德洪的思想确实有一个形式上的回复，但是不是表明他的思想又回到起点、原地打转呢？当然不是。

这要结合钱德洪以及他思想的对象来理解。德洪的一生是"为阳明学的一生"，这不仅是说他的实践活动，也是指他的思想过程。换句话说，德洪的思想之所以有这样"三变"的过程，它本身就是阳明学运动所造成的结果。也就是说，"三变"是为阳明学的发展而作出的，并不是德洪凭借一己之力创造出来的。关于这一点，德洪的同门及好友罗念庵早就有所观察。除此之外，念庵还交代了两点：其一，德洪在阳明先生门下，最为笃实和用力；其二，德洪后期对阳明后学中存在的"空谈心性"的现象颇感忧虑。

所以说，钱德洪的思想虽然有其一贯的风格和特点，但它确实有一些变化和发展。而这些变化和发展，其实都与他对阳明后学的观察和纠偏有关。因此，无论是"四有说"还是"把揽放船"，都只能理解为德洪思想的某种特质，而不应该予以放大或夸大。从德洪的角度就可以说，不了解他思想的这些细微变化，就无法全面认识阳明学后期的发展全貌。

"四有说"

其实，用"四有说"来标注钱德洪对阳明四句教的理解，实在是有欠妥当。然而目前并没有更好的办法，还是很有必要将四句教以及德洪的理解再次罗列出来。阳明曾说："无善无恶心之体，有善有恶意之动；知善知恶是良知，为善去恶是格物。"翻译成白话就是：人心在根本上是没有善恶区别的，之所以产生善与恶，是因为心中意念发动的结果。而良知则引导人们判别善恶、区分好坏，在此基础上，我们去行善去恶，就是格物的工夫。可见，阳明说的这四句教，主要是对儒家的经典《大学》中的"心、意、知、物"四个概念进行讨论。《大学》讲："古之欲明明德于天下者，先治其国；欲治其国者，先齐其家；欲齐其家者，先修其身；欲修其身者，先正其心；欲正其心者，先诚其意；欲诚其意者，先致其知；致知在格物。物格而后知至，知至而后意诚，意诚而后心正，心正而后身修，身修而后家齐，家齐而后国治，国治而后天下平。"这是传统儒家对成圣成贤所作的精粹概括，早已为此时的读书人耳熟能详。如此可以看到，阳明的四句教，其实是从个体的层面来讲求如何成就圣贤之学。

对于此，作为阳明门下高徒，钱德洪和王龙溪当然心有神会。但至于如何理解这四句教，由此就产生许多问题来。德洪首先提出：这四句话是老师教导我们的最终遗言，一点都不能作改动。龙溪则说："阳明先生确立教导是随应时机而为，四句教也不过是一个权法，不可以执着固定地理解。如果能参悟出人心根本上是无善无恶的，那么心所发出来的意念当然也就是无善无恶的，心中的良知是无善无恶的，心所发出的对象物也是无善无恶的。"可见，龙溪主张只要领悟阳明先生的思想精神，四句教不仅可以改动，而且应该理解为"四无说"。对此，德洪批评道："如果你这样做，那是破坏老师的教法，而不是善于求学的表现。"龙溪回答说："学问理应讲求自身的印证和省悟，而不是跟着别人脚后跟打转。如果执着老师的教法，以为它是万古不变的，那就掉入言筌（语言的陷阱），这更不是善于求学的表现。"二人为此争得不可开交。于是他们要去问阳明，看看到底谁的理解更切合老师的意思。此后就有"天泉证道"。

这里王龙溪提到不要拘泥于言语的教导，要破除言筌，这和庄子一直强调的精神是相符的。庄子曾告诉人们，要"得鱼忘筌""得意忘言"，不要为方法和形式所拘束，要抓住它们背后的东西。庄子这种言意精神，对我国的语言艺术传统影响深远。比如我国传统的绘画，多讲求烘云托月，不要直接画出月亮，而是通过云彩来表现月亮。也就是说，在龙溪看来，"四句教"不过是云彩，"四无说"才是隐藏在里面的月亮。由此可见，龙溪的确善于省悟。那么，与龙溪相比，钱德洪也有他自己的理解。

在另一段钱、王二人的对话中，王龙溪问钱德洪对老师的四句教怎么看。德洪说："人心根本上是上天赋予的品性，原本是无善无恶的。然而人人都有习心，因此由习心所发出来的意念就显现出善和恶来。阳明先生反复讨论《大学》所讲的格物、致知、诚意、正心、修身，就是要人回复到天所赋予的品性。如果原本没有善恶，那么作这些工夫就没有必要。"可见，德洪的理解强调由心所发出来结果，他看到意念、知识和事物这些现象确实是有善有恶的。因此后人多把他对四句教的理解看成是"四有说"。一来是为了和龙溪形成对比，二来确实是有所依据。这种将德洪与龙溪的理解对立起来的做法，尽管并非空穴来风，但不符合思想史的事实。显然，德洪对四句教的首句"无善无恶心之体"，也是比较赞同的。因此将德洪对四句教的理解说成是"四有说"，只是一种方便性的概括，并不能说明德洪思想的真实情况。

其实说到底，四句教无非是在良知和致良知之间进行说明。在阳明学的思想当中，一般说来，本体指的是良知，工夫指的是致良知。在阳明自己看来，本体和工夫本是一体，良知就是致良知，致良知也就是良知。只不过通过四句教这样的形式一概括，其中不太圆融的方面就不容易被辨识出来。好在有钱德洪和王龙溪这样的高徒，他们分别从各自的侧重点指出其中存在的问题。这使得阳明学的重要问题得以及时暴露出来，并可能得以解决。阳明明确指出，要钱、王二人相互取益，这表明阳明已经交给他们今后的思想任务。

但是从目前来看，尽管二人在心根本上是"无善无恶"的问题上并无矛盾，但在如何使本体工夫合一的问题上，却存在不同的见解。也就是说，钱、王之间的不一致并非根本性的，而是一种路径、方式上的分歧。钱德洪侧重于从"有善有恶"的前提下去做"为善去恶"的工夫，以确证无善无恶的心之本体；王龙溪则偏重于从心之本体的无善无恶上出发，来使得心所发出的意念、知识和事物都达到与心体同一个层面。用简单的话讲，德洪强调"事上磨砺"，龙溪强调"纯信本心"。

前面提到，德洪在强调"有善有恶"的基础上"为善去恶"之后，转向对"无善无恶"的心体的注意。特别是他从狱中获得释放以后，更是对"无善无恶"有一番透彻的解释。在与狱中好友杨斛山辩论后，德洪还给他寄信，继续讨论"无善无恶"的问题。在信中，德洪说："人的心体都是内在一致的，你把它称作善也可以，把它称作至善至恶或无善无恶也可以。""先师阳明先生说过：'人心的根本是无善无恶的。'这是对后世那些把格物穷理放在为善一事的前头的做法而专门讲的。阳明先生随机传道，此乃不得已的言辞罢了。但是人心至善的根本，原来就是那样。我也不想私自揣度，以至损害先生的意旨。"

由此可见，对于"无善无恶心之体"，钱德洪已经与王龙溪达成一致。而对于人心本体这种"无"的特性，德洪也已经比较认同。他认识到，先师阳明所说的"无善无恶心之体"，就是要人们在格物穷理的过程中不要先确立一个定理。要做到心与理为一，而不是像朱熹那样，把心与理分为二者。更为重要的是，德洪此前一贯主张从"有善有恶"的现象出发，作"为善去恶"的工夫。如今经过若干年的反复践行，他一方面继续注意到现象界的善恶对待的事实，但另一方面已经对形上层面的至善本体有所肯定。这表明德洪对四句教的理解，已向前迈进一大步，并且还有一些自己独到的解释。以此再一次证明，仅仅以"四有说"来说明德洪对阳明学宗旨的理解，其说明力度有一定限制性。

"但依良知运用"

从"四有说"到后来对"无善无恶"的注重，钱德洪在阳明学领域中的造诣进化到一个更深的层次。然而让人意外的是，此后的德洪思想似乎又转回到强调格物致知的主题。德洪后期之所以又特别申明致良知的重要性，他的意图其实很明显，就是要矫正阳明后学中存在的空谈、虚荡的风气。德洪这种力守师门学统的心态，是极其强烈的。因此有研究者将德洪称为阳明后学中的"修证派"，无疑很有道理。"修证"一词本为佛教用语，指的是修行证理。把它用到德洪身上，说明他是比较强调阳明学中的实践工夫。与以德洪为代表的"修证派"形成鲜明对比的是"现成派"。"现成派"强调良知的先天性、自然性，简而言之，他们认为良知是现成的，因此有"现成良知"的说法。

阳明后学中空谈、虚荡的风气，与"现成派"有很多瓜葛。其表现的焦点就在于王艮及其后学泰州学派。黄宗羲在《明儒学案》中对泰州学派人物有一个评价切中要害，就是说泰州学派个个都能"赤手搏龙蛇""非复名教所能羁绊"。意思是说：这些泰州学派的人物，个个都有超脱的狂者意识，都能对儒家经典和名教礼法进行随意性的诠释或发挥。这种"英雄式的个人主义"行为，仅就个体人格范畴来说，当然没有什么问题，甚至还有值得肯定之处；但是一旦将这种行为放到学术领域或官方意识中来考量，那么它就往往会带来许多不可预知的后果。一个典型的表现就是，后人有的将明朝的灭亡归咎于阳明学的空谈误国，这种说法显然有一定的参考意义。

而在钱德洪后期，他所处的思想气氛中，这种空谈、虚荡的风气就已经成为一股势力。为了对抗和救正这种不正常的现象，德洪决心再次回到先师阳明的教旨，重申良知学说的实践性品格。为此他提出要"依良知运用"，而不能凭借一己的臆想或想象来发明阳明学的思想内容。"但依良知运用"的意思就是指依靠良知进行格物致知。德洪提出这个思想的机缘，本书前半部分已经略有提及，这里再次简要重复一下。

嘉靖二十七年（1548），钱德洪在江西参加由邹守益举办的"青原会"。会议期间，罗念庵又重提如何"破除私欲"的问题，对此德洪批评念庵说："你所说的破除一己私欲的工夫零碎无当，只要依循良知的流行和发用，哪里还需要担心私欲不会破除呢！"可见，德洪对同门中那些不以良知为学问的核心、汲汲于在其他地方用心的做法已经相当不满。在他看来，同门中之所以会出现这些空谈、虚荡的现象，主要缘由就在于他们没有紧紧抓到师门的这个根本精神。德洪批评念庵，其实更是要同门都知道，不要过分在细枝末节处虚耗精力，反而忽视阳明的宗旨。也就是说，德洪以为在阳明学中致良知工夫才是最为根本、最为核心的方法，其他的工夫或实践都应该围绕它来进行，不能主客颠倒。

"但依良知运用"，就是致良知工夫一种口语化的精练表达。围绕"但依良知运用"这个思想，钱德洪进行充分的说明。这些说明，主要表现为他对良知的"知"的讨论。比如在"青原会"期间，德洪就说："知无体，以人情事物之感应为体。无人情事物之感应则无知也。"意思是说，良知所发用出来的知识，本没有存在的样态或形状。如果说它有样态或形态，那是由心与人情事物的感应所产生的。心不感应人情事物，那就没有知识。简单地说，德洪就是在说"体用一原"的思想，即本体和发用是相互的，不能单独来说本体或发用。他还说道："心无体，以知为体。无知即无心也。知无体，以感应之是非为体。"所说的就是这个意思。

这里，德洪仍然主张从人伦事物的感应上去致良知。这一思想是阳明学的基本立场，如阳明就说："致良知于事事物物"，就是强调要在事事物物上做工夫。后来黄宗羲说

"工夫所至，即其本体"，显然与阳明、德洪这一阳明学基本立场是一致的。再往后看，近代大儒熊十力先生大谈"体用不二"的思想，就是承接了心学的一贯精神。由此可以看到，心学的基本精神仍然活跃在中华民族的思想基因当中。

钱德洪的贡献，不仅在于适时地强调要"依良知运用"，还在于他对"知"的解读也颇有新意。他说："充塞于天地间的，只有这个'知'。天只是这个'知'虚旷明朗的结果，地只是这个'知'凝聚混合的结果，鬼神只是这个'知'灵妙神明的结果，春夏秋冬四时和日月只是这个'知'流行发用的结果，人类与万事万物只是这个'知'聚合分散的结果。在这中间，只有人才是这个'知'的精粹所在。"别人问他："致良知是只在于心灵的省悟吗？"德洪回答说："灵通妙觉，都离不开人伦事物，它是在人伦事物中造就的。"对于那种一味追求玄妙的本体，不重视人伦事功的做法，德洪认为那都是"虚狂之见"，要特别反对。德洪对"知"的态度可见一斑，他的认识也的确深化了阳明的某些说法。

所以当钱德洪后期提出"但依良知运用"这一思想的时候，表面上看他只不过是重复致良知工夫说的老路子，其实往深里说，它意味着德洪的阳明学造诣已经达到比较融通、因教施法的境地。以往人们习惯于把德洪与王龙溪对比起来看，认为德洪的思想性格最为笃实，偏重于后天诚意的工夫实践，其实这种观点暗含着某些偏见，应该予以纠正。德洪不仅笃实，也有超脱的一面；他不但重视后天诚意的工夫实践，对先天正心之学也很注意。只不过由于思想史的需要和人们的习以为常，德洪被"塑造""打扮"成那样而已。就像某些历史人物，在今天人们心目中的形象往往并非历史上原来的面貌，如《三国志》中的诸葛亮，到了《三国演义》中就有不少演绎的成分。

钱德洪在思想史上的形象，其形成当然也不是一天两天，所谓"冰冻三尺，非一日之寒"。除了上面说的各种原因以外，还有一个目前无法改变的事实，那就是从现有的资料来看，德洪的确是比较强调后天工夫的；与王龙溪、王艮等相比，他也的确显得笃实得多。因此难免会给今人首先留下与之相应的印象。由此说来，今人之所以如此看德洪及其思想，也不能一味归咎于今人的无知和糊涂。毕竟目前只能看到极其有限的材料，而这些材料又是这么讲述的。

但尽管有关钱德洪的材料十分有限，我们还是可以细心地梳理出一些有价值的思想信息。在这里需要补充说明一点学术名词。上面提到"先天正心"和"后天诚意"，无疑是一组从《大学》中演变而来的阳明学词汇。所谓"先天""后天"，是从心的发用角度来说的。在儒家看来，心不活动保持静寂的状态叫作"未发"，心一活动有所表现的状态叫作

"已发"。"未发"对应于"先天","已发"对应于"后天"。因此"先天正心"和"后天诚意"就是阳明学对心所处的不同状态所作工夫的指称。德洪讲："正心之功不在他求，只在诚意之中。"表明寓正心于诚意之中，是德洪的选择，不代表他在正心和诚意之间有偏颇。

读《周易》和解《周易》

钱德洪还对《周易》充满兴趣，甚至对易学有相当的领悟。由于习惯思维和材料的限制，人们过去几乎不知道这一点。随着学术研究的进展，它开始慢慢浮出水面，成为了解德洪思想的一个组成部分。而从整个阳明学的范围来看，由于专门谈论《周易》和易学的专著并不多，因此德洪论易的文献就更值得注意。《周易》号称"五经之首"，实属难懂。然而它又是中华文化的瑰宝，对塑造我们的民族文化性格有极深的影响，如《周易》所说的"生生之谓易""厚德载物""自强不息"，就成为我们文化基因中的重要因子。阳明学作为我国思想史上一大现象，对《周易》当然不能置之不理。而凡是思想史上有名的人物，如孔子、朱熹等，无不对《周易》或易学较为精通。

阳明学兴起之后，阳明学学者自然也对《周易》或易学多有注意，他们的讨论基本都融入自己的话语中，没有形成专著或其他明显的痕迹，但这不表明他们不关心《周易》或易学。阳明的前辈陆九渊就说过："六经皆我注脚。"意思是说，"六经"（"五经"加上《乐经》）都是为诠释我的思想而存在的。经过陆九渊这么一倡导，心学的学者们大多跟着他做，把经典里的话和自己的思想融合起来。

因此以陆（九渊）、王（阳明）为首的心学一派对《周易》或易学的解释，就构成易学史上一道独特的风景。这属于易学史研究的问题，在此不必作过多牵扯。要说的是，在阳明学的阵营中，钱德洪是其中对易学有浓厚兴趣的一位。德洪又被后人称为绪山先生。绪山先生这个名称，就来源于德洪曾经在灵绪山（又叫龙泉山）中潜心读书的经历。那么德洪在此山中潜心读了哪一本经典呢？它就是《周易》。关于德洪具体是在哪一时间在灵绪山读易这个问题，现在恐怕无法给出确切的判断。只能根据现有文献，作一些合理的推测。

《周易》作为儒家的基本经典，钱德洪想必不会陌生。因此德洪还是一个庠生（秀才）的时候，就对《周易》的基本情况已经比较熟悉。德洪是在正德十四年（1519）补的秀才，也就是说，在二十四岁之前，他就阅读过《周易》这部经典。而德洪是在十多年后中的进士，此后又过了十年，直到遭受牢狱之灾，才结束自己的政治生涯，彼时德洪已经年近五十。此后的三十余年，他基本都投身于阳明学的事业。由此可知，德洪潜心研读《周易》的时间有可能是在二十四岁到中进士这段时间，也有可能是在绝意于仕途后的三十年中的某个时段。总之，潜心研读《周易》这件事，最有可能是德洪没有官职在身的情况下进行的。

而钱德洪《行状》告诉我们，他在牢狱期间，所讨论的主要话题之一就是易学。与他一起讨论的，就是赵白楼等人。赵白楼等人愿意跟随德洪修习《周易》，表明德洪在阳明门下的易学造诣是得到肯定的。因此他在遭受牢狱之前就潜心研读过易学这件事，就显得更加可信。在牢狱中，德洪并不孤单，照样讲学不辍。两年以来，几乎每个早晨和傍晚，德洪都会向同伴们讲授易学。若干年后，再来回忆这段艰苦却又充实的牢狱生活时，他感到愉快和满足。牢狱期间，德洪不仅在学问上又有所精进，还交到一些好朋友，如杨斛山、赵白楼等。事后，德洪分别作诗，表达和怀念他们的真情友谊。

钱德洪研读《周易》和解《周易》，除个人兴趣爱好的缘由之外，最根本的目的还在于通过对《周易》的诠释来理解和表达他的思想，尤其是阳明学在他心中的意蕴。这也是德洪易学思想的本质特征。比如对于《易传》的解释，德洪就说："此知运行，万古有定体，故曰太极。无声臭可即，故曰无极。太极之运无迹，而阴阳之行有渐，故自一生二，生四，生八，以至庶物露生，极其万而无穷焉。是顺其往而数之，故曰数往者顺。自万物推本太极，以至于无极，逆其所从来而知之，故曰知来者逆。是故易逆数也，盖示人以无声无臭之源也。"

这段话需要作一定说明：钱德洪是从良知学说的角度来理解《周易》的基本构造和精神纲领。自从《爱莲说》的作者周敦颐作《太极图说》之后，以后的学者要讨论易学，这个"太极"和"无极"的问题是要首先面对的。德洪认为，"太极"和"无极"都是良知的表现，良知有一个至善本体，这就是"太极"；良知又流行发用于无形，这就是"无极"。至善本体在流行发用的过程中，就落实于人伦事物当中，也就是万物的根本在于"太极"这个至善本体，至善本体又在万物中得到印证，以此就和《周易》卦象的运作形成一致。所谓"数往者顺""知来者逆"，和良知的体用关系是一个道理。

还有，钱德洪的思想是寓正心于诚意之中，在工夫实践中见诸本体。他的这个思想也经常被他用易学的内容来加以表达。德洪说："除去好恶，还有什么心的样态呢？除去元、亨、利、贞，还能到何处去寻觅得太极呢？"意思是说，心的本体就表现为它的已发情态，就如同《周易》讲的太极就表现在它的性质判断中一样。这都表明德洪擅于用易学的内容来表达阳明学的思想。

不仅如此，钱德洪还时而在讲学以及教学的活动中运用易学的思想，来深化大家对阳明学宗旨的认识。比如，有一次讲授《周易》，刚好讲到"悔吝者，忧虞之象也"这句话，德洪站起来慨然长叹。大家问他怎么了，他说："我们的学问工夫，之所以不能伶俐直截，就是因为这个'虞'在作祟！"其中一个人问道："良知能判断是非顺逆，怎么会不明朗？只是一时不能够决断，因此产生犹豫的情形，这恐怕对良知之理造成不了什么害处。"德洪答道："就是这个犹豫，便是造成危害的祸端。良知明朗时，本来是吉祥的先兆，一旦犹豫就会由吉向凶转变，这难道不让人感到恐惧？"足见德洪对易学的体察极为细微，对阳明学的态度也有明朗直快的方面。

有的学者弄不清阳明先生为何会以虚寂的方式传道授业，认为这本是佛家的做法，阳明先生这么做，会让人感到迷惑不解。德洪批评这样的想法，他说："'变动周流，虚以适变；无思无为，寂以感通'，这都是大易精神给我们的训示。只不过后来圣贤的学问衰微，佛家乘机而入，改头换面，盗用我儒家的思想精髓而已。这些原本是我儒家日常的思想，如今竟然沦落失传，以至于佛教兴起后才被人拾起。这是多么地悲哀！"如果对易学精神、对儒家历史不够熟悉，怎么可能作以上的辩驳？德洪对以大易为基本的儒家精神可谓吃得透、认得准，像佛教这些改头换面的做法，自然逃不过德洪的法眼。

那么，德洪对佛教的看法怎么样？是不是一概予以排斥呢？

对佛教的态度

显然，钱德洪不可能决然排斥佛教思想。因为佛教到德洪这个时代，已经融入中华传统思想的血液中，并取得士大夫们的好感。特别是中国化的佛教——禅宗，更有无孔不入的态势。面对禅宗，德洪其实也不乏喜好。虽然他嘴里没说过佛教的好，但实际上他的一些思想，却实实在在渗进佛教的因素。比如，觉、悟都是禅宗最常讲的东西，也属于最重要的思想概念范畴，而从宋代以来的儒者，就有以觉、悟来谈论儒家思想的喜好，在宋代心学家的阵营中，以杨慈湖、张九成最为突出。在明代的心学家当中，同样不乏来者。德洪虽然不能和他们相提并论，但是却不排斥这样做，德洪后期常说要做到"真觉"和"真悟"，才算得上真正的阳明学者。

钱德洪说："不可以以为一知半解就是'觉'，也不可以以为有所意见就是'觉'，必须要做到心体停当处且停当，不强作干预，不劳劳攘攘，才可为真正的'觉'。"同样，"学问尚没有弄透，就难免有意见横生。有意见的阻碍，就难以做到真性的流行。因此还称不上是真正的'悟'"。可见，"觉""悟"这些原本佛教的概念，被德洪使用得已经十分圆融。要做到这一步，则肯定是以熟通佛教基本思想为前提的。因此可以说，德洪其实也在用佛教的语言说儒家的话。

不仅是钱德洪，整个阳明学其实都与佛教有亲近关系。而出入佛教，已经基本成了阳明学者们的共同经历。正因为这样，在穿梭于佛儒之间的过程中，严格地辨明主次关系就很有必要。也就是说，对于那些以儒家为本位的阳明学者来说，判教工作就很关键，它是使学者们不至于迷信自己的强心剂。德洪对佛教虽没有表现出鲜明的排斥，但在判教的意识上，他的态度还是极为明确的。这里有一则故事。

嘉靖二十九年（1550），钱德洪等人送王正亿前往金陵（南京）。在金陵，德洪参加了由吕怀、何迁等人举行的"新泉精舍会讲"。当时，何迁是吏部文选司郎中，他带领着一干同僚，邀请德洪一起登上位于金陵中华门外的报恩寺琉璃塔。这个何迁，之所以这么兴师动众，肯定是有备而来的。于是，趁大家都在塔的第一层静坐的机会，何迁向德洪询问有关"静坐"和"入门"的问题。

何迁问："我听说阳明先生禁止门下学者静坐，是考虑到静坐容易使精神沉沦和枯槁，似乎是这样的吧？如今我们这些学者刚入门，之前都在尘俗的世上打滚，因此意志薄弱，心思脆弱。现在大家都静坐在这封闭的塔中，外界的种种已经干扰不到我们。那么，我们何时才能见到阳明先生学问的真面目？"钱德洪对答说："阳明先生从没有教学者静坐，也从不曾确立静坐的规矩让人学习。"何迁感到疑惑，又问："没有这静坐的法门，我们如何进入阳明先生说的学问世界？"德洪正色答道："阳明先生只教人良知之学。良知是我辈学问的真面目，只要良知明朗，其他都可以依循进行。"何迁一干人还有疑问，于是德洪就良知学说与静坐的关系又作了分说。大家都表示叹服。

从塔上下来的时候，钱德洪指着塔壁上一幅《真武流行图》，对大家说道："观看此画，就可以证出儒佛的分别。"众人纷纷问道："为什么（这么说）？"德洪说："看这幅画，如（有个人）在真武山中久坐，没有什么收获，想放弃离开。然而对其中所画的老妇人将铁杵磨成针的隐喻有所感悟，故再次到山中住了二十年，最终达道。如果这上面画的

156

是《尧流行图》，必定会有'克明峻德，亲九族，以至协和万邦'的意思；如果画的是《舜流行图》，必定会画舜是如何耕稼渔猎的，如何磨砺成圣人的。又怎么会去山中枯坐二三十年，然后就可以成道呢?"真武指的是真武大帝，是道教里面的尊神；尧、舜分别是儒家思想所推崇的圣人。也就是说，德洪通过《真武流行图》和《尧流行图》《舜流行图》的比较，说明儒家和道家、佛家的思想旨趣还是迥然有别的。儒家肯定世间、肯定人生，而道家和佛家要么厌弃此世、要么追求长生，他们之间的基本精神是有出入的，应该予以明确。

与钱德洪这种态度相比，王龙溪虽然也意识到儒家与佛道二教的根本不同，但他在对待佛、道的时候，更强调它们的一致性。比如，龙溪就意识到阳明的良知学说，有不少内容都是从禅宗理趣中体悟而来的。所以他主张，可以不加掩饰地援用佛家的道理，因为在龙溪看来，只要保持住阳明学的真面目，至于对佛道思想要不要严加防范，则是不重要的事。阳明学的精神在龙溪的解释就是要"求真"，真知、真性、真体，等等。这一看法与德洪后期有相同之处，前面说到，德洪也强调要达到真性、真觉、真悟。只不过让龙溪没有料到的是，阳明学"空谈""虚荡"的后果会如此无法收拾。

说"良知"

说一千道一万，以上评说了钱德洪思想的种种表现，最后还是要落到他对良知的阐释上来。因为不管是思想的"三变"历程也好，还是对易学与佛教的吸收取益也好，最终都得从良知这个大根大本处来理解。有的研究者称，德洪对良知的阐释，只不过是在阳明的基础上作大同小异的修饰。这种观点倒不一定没有道理。然而这不正好证明一点，即德洪很好地继承了阳明的思想精神。学问或思想的创新不一定要表现在形式上或体貌上的变化，有时候货真价实的传承也是一种创新。特别是阳明去世之后，阳明学内部急需有威望的人来申明和主导阳明的基本思想。德洪正好充当了这样的角色。需要特别指出的是，不是所有的无所作为都是因循守旧。儒家常讲，要"有所为，有所不为""时行则行，时止则止"，思想的发展也是如此。

因此尽管阳明本人对良知的说明已经比较充分，但还是要看看钱德洪是如何说的。从现存的有限资料来看，对良知的说明无疑是德洪最为关心的事。在德洪眼里，良知是学问的头脑，是大纲大本，他说："学问须从头脑上穷极，如举纲得纲，挈之自易。良知者，事物之纲也，良知得而天下之理得矣。良知是天命之性，性体流行，通彻无间，机不容已。"可见德洪把良知视为身心性命中最重要的东西，一切事物人情的展开，都应以良知为主纲。既然良知如此关键，那么我们就要把它放在第一的位置。然而良知又是不容易把握的，德洪指出："良知是从最精微处显现出来，因此了解最精微处就可以培养人的德性。良知由精微处显现，是真实无妄、不可掩藏的。尧舜这些圣人的精神，就在于看到良知的精微之处。"因此，德洪认为对于阳明学者来说，把握良知首要在于把握它的精微之处。认准这一点，就认准了良知的真面目。

这是不是说良知很难把捉？德洪并不这么以为。在他看来，阳明先生的良知学说平实简易、切实可行，并不是高悬在云端的东西。阳明自己也说，他的学说就是在日用常行之中。为了打消学者的顾虑，德洪后来也强调良知的"见在工夫"。所谓"见在工夫"，无非是指良知的现成性、自然性。因此有"现成良知"的说法。德洪说道："格物致知的学问，实际上就是良知的见在工夫。见在工夫，就是指良知该发用的时候就发用，该停止的时候就停止，该表现的时候就表现，该沉默的时候就沉默。良知的意念都很精微灵明，丝毫不能放松。在一行一动中加以体察，这就是实实在在地做格物的工夫。对于此能体认得妥当，那么即使是穿衣吃饭，也同样是在做涵养心性性命的工夫。"后来的阳明学者李贽讲"穿衣吃饭，就是人伦物理"，这与德洪所说的见在工夫的思想是有一致之处的。

很明显，阳明的良知学说中尽管有"见在工夫"的思想意涵，但表现得不够明显，论说得也不够深入。在一向被视作笃实的钱德洪这里，良知思想中的现成性也得到进一步讨论，如果说这不是德洪的理论贡献，恐怕是说不过去的。同时，正是因为德洪看到良知的现成性和可行性，所以后来他讲要"但依良知运用"，实际上也是从这里作的引申。而这种现成良知的思想，在龙溪那里被说得最为显豁，也最成系统。在这种情形下，罗念庵当然会和德洪以及王龙溪争论不休，因为念庵明确反对现成良知的说法，他认为世间并没有什么现成的良知，学者所能做的，只能是将良知予以收摄保聚。可以看到，对于如何致良知的问题，阳明的弟子们已经各自形成自己的看法。这也就说明，阳明学的分化是不可避免的。冈田武彦先生将阳明后学分为现成派（以王龙溪为主）、修证派（以钱德洪为主）和归寂派（以罗念庵为主），就很好归纳了阳明后学的分化情况。

一种思想要发展，当然需要后来者有力的阐释。就先秦时期的儒家来说，孔子之后，儒家分为八支。我们现在最熟悉的孟子，也不过是八支中的一支，其他还有子思、子张等。墨子之后，墨家分为三派，有相里氏、相夫氏等。不仅一种思想是如此，就是天下的道术也是如此。《庄子》中有一篇叫《天下》的文章，就指出天下的道术不可避免要分裂的事实。对于阳明学来说，自然也不例外。本书一开头就指出，阳明学之所以为阳明学，本身就包括阳明后学的基本内容。

总之，至于对良知的理解，钱德洪基本在阳明的意义范围内进行，除了"见在工夫"以外，德洪实在再也没有作出哪些过格的解释或发明，不像王艮及其泰州学派，唯恐发明不够，肆意宣扬着他们自己的理解。德洪后期意识到这种情况的严重性，还有赖于阳明生前好友湛甘泉的提醒。事情是这样的：嘉靖二十七年（1548），德洪要给刚去世不久的父亲讨要一篇墓志铭。于是这年冬天他来到广东番禺找湛甘泉，湛甘泉答应给他父母各写一篇。在两人短暂的相处时间内，湛甘泉对德洪说："如今在阳明先生门下的学者，都认为良知与学习实践没有什么关系，只是任由个人的意志随意而为，这些人，他们的认知已经走到违背良知的地步，怎么称得上觉悟呢？怎么可以说是良知学说呢？如今的门下学者，对于致良知的工夫，一概不谈，以至于有的人纵情恣肆、胡作妄为，还以为自己是行良知学说呢，你说这怎么行呢？"听到这样一番话，德洪深感不安和愧疚。而这样的话又是出自他所尊敬的前辈口中，这让他这个以力守师说为己任的学者顿时感到无所适从、无地自容。这次谈话，无疑让德洪下决心要纠正那些不良的风气。从客观意义上说，这更加促成了阳明后学争辩不已的局面。

后来在与龙溪的通信中，钱德洪严肃地谈道：黄绾批评我们这些王门弟子的学问，有沉迷于空想、不切实际的毛病。刚开始我对他的说法不以为然，但我仔细审查和反思后，他的批评让我感到担心和害怕。现在我们这些同道，谈良知的根本这个问题谈得很好，但一旦要在具体中落实下来，那就有问题。这种毛病，的确容易使学问落空。就像草木一样，生命力是它的根本，但也要通过一干一枝的生长，才能完全成形。湛甘泉和黄绾这些前辈或友人的忠告，德洪不可能不谨记于心头。

由于钱德洪一方面要忙于与同门争辩，力图持正阳明的学说；另一方面又要编辑整理和出版阳明遗文，因此他对自己思想的变化和转变，就难以作出深入的反思和清理，也无法使自己的思想形成一个逻辑性比较强的系统。如此一来，德洪的思想既没有什么鲜明的特色，又缺乏一个自成的系统，因此它不被阳明的思想所笼罩那就很难了。作为普通读者，只要抓住一点，那就是德洪的一生是"为阳明学的一生"。如果是学术研究，那绝不能如此草草。正因为德洪是"为阳明学的一生"，所以明代的最后一位心学大师刘宗周就说："学者欲求端于阳明子之教者，必自先生（德洪）始。"意思是说，学者要想如实了解阳明先生的思想教法，就必须从德洪这里开始。也难怪，作为阳明门下的"教授师"，德洪的确配得上刘宗周的评价。

所以，不管钱德洪是修证派也好，还是老老实实倡行阳明的学说也罢，总之在良知的理解问题上，他是一个名副其实的阳明学者。但就思想的整体而言，后人多将邹守益看成是阳明学的正宗，而非德洪。个中缘由如何？这就是研究者要考虑的事情，在此与我们无关。

第6章

钱德洪的诗文创作和思想价值

诗 文 创 作

钱德洪的诗文，大体可以分为如下几类。第一类是与学者之间的通信，如《上甘泉》《与王龙溪》等，多就一些学术问题进行讨论，是了解德洪思想的重要材料。第二类是钱德洪作的记文或序文等，这些文章主要是记述历史事件，因此历史价值最高，如《平濠记》《阳明先生年谱序》等。第三类是抒发自身情感的诗歌或散文，如《稽山感别卷》《遇丧于贵溪书哀感》等。这些文章与德洪创作的诗歌，最有文学审美价值。现在有一个最大的问题，就是大部分诗文的具体创作时间都无法确定，这样一来，最好的办法就是将它们尽可能地按主题进行区分和集合，并在此基础上推测出它们大致的时间段。

书信

其实在介绍钱德洪生平与思想的过程中，已经提及他与学者之间的某些信件。如《狱中寄龙溪》这封信，不仅交代了他与王龙溪交往时的具体情景，还反映出钱德洪思想重要转变的信息。另外，通过这些通信，还能为了解钱德洪的思想提供一个好的途径。在此，可以举几个例子。比如在写给湛甘泉的一封信中，德洪就说："良知和天理本来就不是两种意思，从心的虚妙明察的角度来说是知识，从心的条理分析的角度来说是理则。虚妙明察中缺乏理则，就不是良知；在虚妙明察中反过来求得理则，就不是天理。良知和天理不是两种不同的意思。"显然，良知是阳明学的主脑，天理则是程朱理学的核心，关于这两者的关系问题，恐怕阳明学的同志们都很感兴趣。湛甘泉来信询问德洪，想知道他的看法。德洪的回复很明确：阳明先生所说的良知和二程（程颢与程颐）、朱子所说的天理根本上是一致的，没有什么矛盾。

阳明曾写过一篇意味深长的短篇论文，叫《朱子晚年定论》。这篇论文就是要表达这样的观点：朱子的思想与我阳明的岂止不矛盾，而且在精神上可以说相当吻合。也就是说，在阳明眼中，朱子不仅认可心学，而且还以心学的思想为依归。这篇论文一被刊印，自然引起轩然大波。然而不管外界如何评论，对阳明学内部来说，这的确是篇很给力的论文。读过这篇论文的阳明弟子们，无不欢呼雀跃，更加死心塌地地跟着阳明。湛甘泉是阳明的好友，但对阳明的学说也有理解不通的地方。他来信询问良知与天理的关系，其实就是在问阳明学与朱子学的关系问题。德洪给他的答复中，坚持了阳明的观点，还提到良知不应落空的说法，说明德洪已经有自己的思考。

谈到使良知不至于落空这个问题，钱德洪顿时像打了鸡血一般。这也难怪，因为他着重强调的就是让良知得以在工夫实践中落实，他的许多话语和讨论自然就会围绕这一点来进行。在与友人的书信中，钱德洪就多次谈到这个问题。如在给友人傅少严的信中就说："人生与世情百态相互感应，就像鱼游在水中一般。人生有波澜也是从人心开始的，如果人心无所牵累，即使是每天都与人情世故打交道，也会得到'真如自在'，顺应无碍，怎么会有波澜呢。"德洪接着说道："如今的学者，一遇到事情，就叫苦连天，一心想要安静下来。一安静下来，心中就有诸事烦扰。这都是心没有在事上磨砺的原因。格物致知的工夫，就是要在事上做，这样本心才能见到。心和事是不相离的，一离开事情，做学问又从何谈起?"

　　钱德洪主张为学之道在于事上磨砺,这个"事",就少不了人情世故。人们通常总喜欢问"你有什么心事","心事"这个词就很有传统文化的味道。在一件事上用了心,或者说一件事牵绕着心,才会使人有"心事"。在这个意义上讲,"心事"就成为一个意义结构。就像阳明讲的,山中的花与人是同开同落。人来,花就开了;人去,花就落了。照通常物理学的解释,山中的花开花落,跟我没有什么关联。可在阳明学的思维世界中,心和花就构成一个意义世界。这个意义世界的生成就在于二者的相遇、相感。所以说,心事对于人来说重要,乃因为心事关系着某种意义。当然了,这是深层次的文化心理的解释。作为现今一种通俗称谓,"心事"不一定都有这些含义。

　　在通信中,除了表达自己最主要的主张,钱德洪也时而向友人透露自己思想的新进展,比如在《与陈两湖》这封信中,他就说:"格物之学,实良知见在工夫"。"见在工夫,时行时止,时默时语,念念精明,毫厘不放,此即行著习察实地格物之功也。"把格物致知之学理解为"良知见在工夫",这显然是德洪思想后期的一个主要转变。虽然判定这种转变的时间很困难,但从该信来看,钱德洪此时对良知工夫的操习已经驾轻就熟、成竹在胸。不只如此,在此之前,他已写信将对"无善无恶"理解上的变化告知友人。出狱之后，钱德洪觉得自己对四句教的理解又有精进，于是他就和好友杨斛山讨论，在《复杨斛山书》这封长信当中，德洪就集中表达了他对"无善无恶"的新看法。所以要研究德洪的思想，这封书信不可忽视。

通观现存的德洪与友人的书信，其中出现频次最高的就是龙溪。目前所见的德洪与龙溪的信件交往有三次。除了狱中的那次，一次前面已经提到，还有另外一次。狱中的那封信件，钱德洪主要是告诉王龙溪他在狱中体验到的精神境界和学问上的进步，其他两次都在谈一个主题：那就是在工夫中实现本体，将学问落到实事处。用德洪在信中的话说，"除却应酬，更无本体；失却本体，便非应酬"。这里说的"应酬"，不能完全等同于现今常说的"有应酬"的"应酬"，理解成"事情"会更好些。

或许在所有书信当中，《答论年谱书》思想最丰富也最复杂，它主要是针对学者们对德洪编撰的阳明《年谱》所提出问题的回复。的确，书信比较便于讨论学术问题，诗歌则更适合于个人情感的抒发，但并不是说诗歌就不能作学术讨论。像《富春留别次罗念庵韵》这首诗，就有很重的思想辩论意味。德洪写道：

与君廿载定心期，短发相看亦可悲。圣学久知

非艺术，道心未许涉言辞。江涵宿雨潮生早，风断
行云月上迟。打鼓行船中夜发，梦搜长诧别离时。

尽管是首诗作，但这首诗中却充满严肃的学术氛围。特
别是"圣学久知非艺术，道心未许涉言辞"，将学问之道和
文学艺术之道严格分别开来，警告从事学问的人不要沉迷于
辞藻，可以体会到钱德洪深厚用心。尽管这首诗和陆九渊在
鹅湖之会上的那首著名的哲理诗无法相提并论，甚至和朱熹
的《观书有感》（问渠那得清如许，为有源头活水来）也无
法媲美，但它们性质上是一样的。有鉴于此，对于德洪的诗
歌，本书要进行专门的解释。而介于书信和诗歌之间，有一
种体裁，既能充分表达学术思想，又需要辞藻之学的加入，
这便是记文或序文。相对于书信来说，德洪所写的记文或序
文显得更丰富些，如《天成篇》等。

记文和序文

在本书开头的叙述中，德洪就和阳明一起出场。读者一
定不会忘记瑞云楼这么一个神奇的地方。因为阳明诞生在这
里，更因为二十四年后本书的主人翁也诞生在这里。而这篇
序文，就是为此而写的，它叫《瑞云楼记》。从纯文的角度
来说，这篇记文关于瑞云楼的记述基本没有什么值得称道之
处，不过是些平实的文字而已。但事实上，这种记述越是平

实，就越能显示出它的神奇。因为人们都愿意相信，美的事物就是真的。

在所有的记文或序文中，《瑞云楼记》既然是个神奇，当然就不能拿其他的与之相比，但与它性质上相近的记文或序文倒有不少，可见德洪对前辈学者或古往圣贤是比较推崇的。以古鉴今是中国人喜欢的思维方式，钱德洪也不能例外。我们擅长从以往的先辈那里汲取思想营养和经验教训，这是我们这个民族重视历史的传统。《修复慈湖书院记》对于德洪来说，就是在这种传统下的典型行为。之所以选择这篇记文来予以说明，第一是因为它能使我们更充分地理解这类行为的意义；第二是因为这篇记文可以透露出德洪思想的复杂性。

在《修复慈湖书院记》一文中，钱德洪首先讲述了慈湖书院兴废以及重新修复的过程。慈湖书院，是为纪念南宋思想家杨慈湖而建。杨慈湖就是杨简，乃陆九渊的高足。陆九渊的学问经过杨慈湖的发展和传播，在当时的江西和浙江一带特别有影响。作为陆九渊心学在浙江的代表，杨慈湖不仅很好地继承了陆九渊的思想，他自己还多有独特的阐发。杨慈湖和钱德洪，分别作为陆九渊和王阳明在浙江的重要传人，他们所承担的历史使命、所扮演的历史角色，在某种意义上都很相似。因此当德洪来缅怀慈湖之时，不难想象他内心的感动和欣慰。

　　钱德洪在记文中说："我曾经认真地读过慈湖先生的著作，真的很佩服。先生的学问直截、超脱，先生的禀赋精粹、高标，因此悟性好、资质高的人能很快领会；而那些天性较差的人，刚开始不懂先生的学说，找不到进入的门道，就怀疑它跟禅学相近，这是不懂先生学说的做法。其实在我看来，慈湖所说的'不起意'和'心之精神是谓圣'，正是我辈圣贤学问的表达。而慈湖的思想之所以有与禅学相近的地方，那是他的天生性情所致而已。"由德洪对慈湖学问的评论可以知道：其一，他要为陆王心学与佛教的禅学作出区别，以防学者产生不正当的认识；其二，德洪自己虽然强调平实工夫，但他对慈湖、龙溪这种行为高妙、注重省悟的为学风格也颇为认可，而且他也在吸收他们的思想特点。

　　《平濠记》与《修复慈湖书院记》不同，《平濠记》体现了德洪少有的史家笔法。阳明生擒宁王朱宸濠可谓明朝近三百年历史上的重要事件。阳明擒得发动叛乱的宁王的消息一传开，朝野震动，阳明的这些弟子们更是按捺不住心中的喜悦。他们有相互唱和的，有写诗赞颂的，还有将此事刻成碑文的。钱德洪当然也很高兴，不过马上就平静下来。他觉得是有必要将此事记录下来，以垂教于后世。为此德洪花了不少工夫，询问、造访和核查，经过若干年的努力，《平濠记》才终于诞生。今天要了解阳明生擒朱宸濠这段史话，《平濠记》恐怕是比较可靠的文字资料。

《平濠记》的与众不同之处，在于它首先如实记录了这次事件的基本过程。其次，钱德洪不是从他一个人的角度来叙述此事，同时还收录有黄绾、龙光等人的话。更有价值的是，德洪还依靠《年谱》以及阳明其他话语，对这些记叙进行校对说明，并提出自己的理解。这就使得《平濠记》不仅具备史料的价值，还包含着一定的思想意义。德洪在这篇记文文末的一段话最能说明这一点。他说："以前我在阳明先生门下时，曾问先生用兵打仗有什么方法。先生回答我，用兵没有什么方法，只要学问精纯笃实，将心涵养得不为所动，这就是方法。"德洪特意将阳明谈论用兵和学问关系的这些话提示出来，他的意图就是要在如实记录史实的同时，阐发出阳明学为人为学的道理。这种由史出论的方法，就超出了纯粹意义上一字一句的描述。阳明生前很少谈到他用兵方面的事，就是怕弟子误入歧途，不以学问为重，用阳明的话说，"破山中贼易，破心中贼难"，这种担忧不是没有道理。

钱德洪所作的记文或序文之所以必将越来越体现出价值，最主要的原因在于它们包含有阳明学的思想信息，这些信息有的直接，有的则需要认真加以阐发。比如德洪为徐爱

172

的夫人五十寿辰所写序文就属于后者。在这篇《寿徐横山夫人五十序》的文章中，德洪借着给徐夫人贺寿的契机，记录和评价了徐爱在阳明学中的形象以及地位。大家知道，徐爱的夫人是阳明的亲妹妹。徐爱夫人五十寿辰的时候，徐爱已经去世多年。但德洪对徐爱念念不忘，认为他的确是如今阳明门下的"颜子"。颜子指的是颜回，是孔子的主要弟子之一。孔子对他评价特别高，认为颜回继承了自己的衣钵。可惜颜回早死，为此孔子极其悲伤。

徐爱和颜回确实有相近之处。徐爱也是英年早逝，而阳明对他的评价也是相当高。徐爱死后，阳明一时间觉得已经没有人能那么切近地了解自己和自己的学说。最重要的是，徐爱和颜回一样，都是将圣人之学浸润到身心中，再从一举一动予以体现出来，而不是故作高调的言论，以吸引别人的注意。用钱德洪的话说，徐爱是"身发吾师之蕴""谨厚之士，刻意笃行"。换句话说，徐爱生前的身体力行，就是德洪所要追求的目标。与此同时，德洪对徐夫人也作了肯定性的评价。她享有荣华富贵却不但不高傲，而且生活还十分有节制。徐爱死后，她将家庭事务打理顺顺当当，既是慈祥的母亲又是严厉的父亲，可以说体现了一位妇人的贤良美德。其实，在宋明时期的儒家眼中，妇女的地位和作用是得到一定承认的。

诗歌

诗歌是古代文人士大夫遣怀寄兴、抒发情感的一种主要方式。现存的资料中，钱德洪一共创作有二十八首诗。这些诗歌，大体可分为三类：第一类与师友相关，或缅怀，或唱和；第二类为德洪偶尔创作，主要是为了记述或阐发情理；第三类是游览名胜古迹时所写，主要为游览湖北黄梅时所写，共有《游三祖寺赴沈古林顾日涯崇正书院之朝》《过五祖寺沮雨》和《宿五祖寺》三首。

黄梅组诗。嘉靖三十五年（1556）四月，钱德洪曾逗留蕲春的崇正书院，这组诗很可能写作于这一年春天。彼时德洪刚好来到黄梅，他游览了当地著名的禅宗祖庭。在三祖寺时，他写道：

> 西来密意几何年，立化亭前一驻鞭。空外锡飞留异迹，山中衣去久无传。石牛不化春眠雨，风井无心印月泉。寄与荆南诸学士，肯将吾道属言诠。

从诗中可见，钱德洪虽然身在禅宗庭院，但心中满是学问之事。他担心阳明的学问是不是能很好地传承下去的问题，因此他说"山中衣去久无传"。此次前往荆南（也就是蕲春一带），是为了将《传习录》的刊行工作彻底完成。德洪希望与他一起参与刻行《传习续录》的同志们能做好这件事情，所以他虽然身在佛教之地，心想的却是圣学之事。

逗留黄梅期间，钱德洪还借宿于五祖寺。黄梅五祖寺是禅宗大师惠能修行得道的地方，千百年来已成为禅宗丛林中最为重要的场所之一。德洪在此借宿，自身的感受肯定比在三祖寺时更为强烈。他所撰写的诗作就是再好不过的证明：

> 终岁驱驰路未休，吾生行脚为谁谋？征途似逐
> 归衡雁，人世还同渡海舟。旧约未忘青鸟信，虚名
> 真看白云浮。倦游欲借名山住，灵润桥边对瀑流。

> 真性人人原具足，漫将南北费评论。谁云半夜
> 江边渡，只许三更灯下闻。玉涧泉声悲落日，莲池
> 月色对芳樽。欲留一偈酬知己，犹恐相传一顿门。

钱德洪反问自己："我这一辈子东奔西走，为的是什么？"他没有直接说出答案，但是大家都知道，他为的是阳明学。发完感叹之后，德洪就想起他与同道们的约定，于是他以一生的劳累不是为了一些虚名而感到欣慰。等到住进五祖寺，德洪的神经得到舒缓，第二首诗写得就要淡定和从容。首联就指出，真性是人人具有的，不应分什么南北（这里指的是禅宗分以惠能为代表的南派和以神秀为代表的北派）。这表面上是说禅宗，其实也是在说阳明学。德洪一贯主张要紧紧把握住阳明的学说精神，不要动不动就创一套自己的东西。然而最后这句"犹恐相传一顿门"还是透露出他

的态度，那就是更加强调"渐修"工夫。

与师友唱和。钱德洪与师友唱和的诗作也不少，其中主要是和好友王龙溪和杨斛山的互赠，当然还有缅怀阳明的。在一首题为《文成祠》（又作《天真精舍诗》）中，德洪写道："云埋五岭路悠悠，海上罗浮入梦愁。山月凄凉归鹤夜，霜风飒瑟泪猿秋。百年著述图书在，千载经纶草迹留。忍伐祠前苍峡树，春秋配食荐神羞。"在这首诗中，德洪将编辑出版阳明遗文的任务看得至关重要。

而在与王龙溪的诗中，钱德洪则委婉地表达了对阳明学分化问题的担忧。他说："昔同燕冀游，所遵视周道。谁知行路艰，中途失相保。一苇航大川，渺茫入穹浩。"（《寄龙溪》）以前我们这些阳明门下的弟子，都将老师的学问作为一直的追求。现在老师去世了，我们各自孤立地发扬着老师的思想，就像一条小船在大河中航行，显得渺小又危险。德洪提醒龙溪，趁着目前大家的分歧还不是很大，应该统一思想。这样做造成的危害还不小，一旦各自成势，那么危害就不可避免。遗憾的是，尽管德洪个人一再挽救，但阳明学的分化并没有得到遏制，反而愈演愈烈。

如果说钱德洪和王龙溪的关系不是一两句话就能说清的事，那么他和杨斛山之间的关系就简单得多。对于德洪来说，龙溪首先是同门，其次还是朋友和对手，而杨斛山则只是纯粹意义上的同道。加上杨斛山又略通诗文，因此德洪与他很聊得来。德洪共给杨斛山写了四首诗，这里仅举出一首以飨读者。德洪写道：

> 佳人隔水路逶迤，月白沙明千顷陂。蕙帐兰房临贝阙，蜺旌羽盖照琼枝。相思欲寄青鸾杳，怅望空嗟白日移。旧约未终生别恨，衔恩延伫涕交垂。

与前面所有的诗句比较起来，这一首给人的感觉有两个词可以形容："拗口""辞藻华丽"。不用说，钱德洪为了写好这首诗显然花费不少心思。但一味地堆砌辞藻，似乎给人的感觉只会徒增理解的难度而已。也难怪，这是德洪那个时代诗歌创作的流行做法，他恐怕也是难以免俗。然而这并不是说德洪就不能写出朗朗上口、富有意蕴的诗来。笔者最欣赏《思龙山绝顶》这一首。这首诗应该是德洪的偶然之作，但读过的人想必都有一气呵成的感觉。德洪写道：

> 龙山只在惠江阳，僧梵悠悠燕雀翔。绝顶龙潜含雨气，中天阁翠接江光。梦回乡国堂垂白，秋到东篱菊正黄。南望伤心一挥泪，钱塘野渡正苍茫。

这首诗无论是写景还是寄情于景，都很自然、顺畅，还散发出幽远的气息。可以想象，在龙山绝顶，钱德洪似乎感受到生命中所能达到的最高境界。他感受到生命的有和无，感受到精神故乡的召唤。在他思想的流淌中，都化为触手可

177

及的真切的文字。

思 想 价 值

其实说句实话，钱德洪的思想放到整个明代思想史上去看，似乎并没有什么值得说的，更不用说从整个中国思想史这个大尺度来衡量。但是，我们何不以一种理解之同情的心态去评价像德洪这样的思想人物？中华五千年的思想长河中，能赫然挺立的人物毕竟也就那么几个，像德洪这样的也需要给予关注。

而要使钱德洪思想得到最充分、合理的认识，最合适的评价尺度没有其他的，只有阳明学。也就是说，只有在阳明学的范围来评价德洪的思想，才是最恰当的。所以在讨论德洪思想价值的时候，有必要结合阳明学的历史来进行。

自从阳明"龙场悟道"以来，阳明学在精神上就宣告成立。阳明学是在与朱子学的对话中孕育和产生的，它的根本意图，就在于为儒家知识分子成圣成贤提供更简易可行、更符合时代要求的一套思想体系。而宋代儒家知识分子地位高，朝廷给予他们参与政事的机会和条件，因此他们对国家之事普遍关注，也很有兴趣。到了明代，随着明太祖朱元璋一系列严酷措施的实行，知识分子的尊严在朝政一事上已经被扫除殆尽。读书人"致君尧舜上，再使风俗淳"（杜甫诗句）的理想几乎化为泡影，"外王"的愿望已经无法得到实现，因而他们只能转向"内圣"的一面。那便是寻求一套能够安顿心身性命的学说。

在明代，朱熹的学说被官方承认以后，官方意识形态控制下的朱子学说已经不再是宋代那个充满活力的朱子学。读书人要想获取功名，只有将朝廷钦定的朱子学的框框和四书五经背得滚瓜烂熟，才能得到一些机会。有名的"八股文"大概就在这一时间开始盛行起来。读书人写文章，必须按照一套固定的程式和要求来，否则没有什么机会可言。阳明就是在这样的思想环境下成长起来的。少年时代的阳明就问过老师："何为第一等事？"老师说："当然是好好读书，将来考个国家公务员。"阳明立即反驳道："这恐怕不是，第一等事应该是读书达到圣贤的境地。"像阳明这样"不合时宜"的思想，表面看上去实在无法理解，但实际上他正好道破天机，说出了大家想做却又不敢做的事情。钱德洪也和阳明差不多，只不过在父亲的教导之下，他这方面的觉悟来得不如阳明那么早罢了。

自从体悟到圣贤学问就在于个体自身这一点后，阳明逐渐揭示出"心即理""良知"和"致良知"的思想。直到阳明病逝之前，可以说他学问的大概已经基本确立起来。接下来的工作，就是予以深化和细化，并尽可能地在内容上有所拓展。前面两点，得到阳明弟子及其后学一致性的认同。大家纷纷结合自己学问实践，对"心即理"和"良知"作出阐发。问题主要出在如何"致良知"上。可以说，纵观阳明门下这些略有作为的弟子，几乎没有两个人在这个问题上的态度完全一致。良知学说的展开，基本围绕如何"致良知"来进行。钱德洪便是其中主要一员。

在阳明后学的群体中，钱德洪被视为修证派。与德洪比较接近的还有欧阳德和邹守益等人，他们大体上都被看作是修证派。修证派的核心观点在于，良知为人人所自然具有，但必须经过后天修养和工夫实践，才能得到印证。这一派的基本精神就是强调后天工夫的重要性，良知本体必由工夫实践才能实现。当德洪将他的理解告诉阳明的时候，阳明认为他的理解有利于中等及中等以下的人修习，而龙溪的理解则适合于上等人。必须说明的是，这里说的"上等""中等"和"下等"，并不是强行将人进行划分，而是从现实世界看，人们在先天智力、条件等方面的确存在差异。阳明的四句教之所以被他说成是良知学说的纲领，就是因为四句教在阳明心目中确实是针对所有人而言的。虽然孟子、荀子都认为人人皆有成为圣贤的可能性，但他们都没有提供一套内在精细的理论说明。后来的儒家，如董仲舒和韩愈等，大多把人分成三等，比较轻视中下等人。到了阳明，他虽然也说人有三六九等，但他的思想体系根本上是为所有愿意成圣成贤的人准备的。

而钱德洪思想的主要价值，就在于使阳明学在一般人成圣成贤的问题上作出进一步的理论说明和教育实践。阳明学有一种说法，叫"满街都是圣人"。这当然是理想化的说法，其实儒家的学问根本意义上还是"生命的学问""为己之学"。也就是说，儒家优先考虑内在性、个体性的问题。佛教中大乘佛教和小乘佛教的区别在于：小乘佛教讲求自利、自度，自己管好自己，自己度化自己；大乘佛教讲求自利、利他，自己未度先度他人，先将他人度化，再来度化自己。儒家的学问和小乘佛教精神有接近之处。

钱德洪思想的价值还在于，这种个体的成圣成贤，也有普遍化的可能性和操作性。从个体的角度看，自我与他人永远存在矛盾，但如果从良知学的角度，它们都不过是良知的展开形式而已，不存在根本性的矛盾。可以说，缺少了德洪，阳明学的群众性和社会性就得不到充分实现。以上大概就是德洪思想价值所在，这也就是本书的结尾。

可是对于德洪以及阳明学来说，还有一些方面值得细说，如编撰出版方面的思想等，但只能留待于后来者。本书的目的，是要在实事求是的基础上，希望大家对钱德洪这个思想人物多一些了解，仅此而已。通过本书的努力，相信这个目的不难达到。随着关于钱德洪的第一手文献和资料的发现和整理，不久的将来，当我们再来读这本《简读钱德洪》，或许会感到某种欣慰。

附录

年　谱

1496年（弘治九年） 十二月二十二日，生于浙江余姚瑞云楼。二十四年前，王阳明也降生于此楼。

1498年（弘治十一年） 时王阳明二十七岁，在京师。王龙溪生于浙江山阴。

1504年（弘治十七年） 王阳明主考山东乡试，后改兵部官职。罗念庵生于江西吉水。

1508年（正德三年） 王阳明贵州"龙场悟道"。

1510年（正德五年） 开始读书，修习朱子学。

1518年（正德十三年） 王阳明刻《朱子晚年定论》，薛侃刻《传习录》。

1519年（正德十四年） 补邑庠弟子。乡试不第，偶读《传习录》。

1521年（正德十六年） 九月，始师事王阳明。

1522年（嘉靖元年） 七月，参加乡试，并中试。

1523 年（嘉靖二年） 二月，因会试策问语含阴抵王阳明之意，不答而出，会试不第。

1524 年（嘉靖三年） 八月中秋，王阳明与钱德洪、王龙溪等弟子设宴于天泉桥。同年，钱蒙与阳明讨论圣贤之学与科举事业的关系。

1526 年（嘉靖五年） 二月会试，钱德洪、王龙溪均举南宫，不就廷试，与黄弘纲、张元冲等同舟返乡。

1527 年（嘉靖六年） 九月，"天泉证道"。王阳明提出四句教，德洪、龙溪分别提出自己的理解。本年冬，又有"严滩问答"。

1528 年（嘉靖七年） 王阳明病逝，钱德洪等奔丧，开始为阳明料理后事。

1530 年（嘉靖九年） 杭州天真精舍建成，钱德洪等人在此地举行定期讲会。

1531 年（嘉靖十年） 为阳明幼子王正亿操办婚事，后与王龙溪共证聂豹为阳明弟子，并访邹守益，相互论学。

1532 年（嘉靖十一年） 在京师参加廷试，并参加当地的同门讲学活动。同年，到苏州任职。开始校定、勘刻阳明遗文。

1534 年（嘉靖十三年） 与王龙溪等人定会于衢州。八月，钱德洪主持广州乡试。

1535年（嘉靖十四年）《阳明先生文录》刻于姑苏（苏州）。本年冬，母亲马氏去世，钱德洪回到余姚。

1541年（嘉靖二十年） 转任刑部陕西司员外郎，因依法奏定郭勋案入狱。

1542年（嘉靖二十一年） 在狱中，与刘晴川、杨斛山等人相与讲学，并与王龙溪通信。在狱中著《困学录》，现不存。

1543年（嘉靖二十二年） 获释，但被削职为民。从此开始三十多年的讲学生涯。

1545年（嘉靖二十四年） 六月，太庙成，钱德洪恢复官职。作《慈湖书院记》。

1546年（嘉靖二十五年） 参见"复古会"，游览复古书院。

1547年（嘉靖二十六年） 父亲钱蒙去世。

1548年（嘉靖二十七年） 与王龙溪等人一同参加"青原会"。与会期间，将阳明《年谱》的部分任务交给罗念庵。同年九月，往广东增城，见湛甘泉，求得墓志铭两篇，并相与论学。

1549年（嘉靖二十八年） 会王时槐于江西临川，论"心无内外"。举"南浦大会"。同年五月，与王龙溪共赴"水西会"；八月，赴"冲玄之会"。

1550年（嘉靖二十九年） 主事嘉义书院，揭《天成篇》。

185

四月，主持"新泉精舍会讲"。在南京报恩寺塔上，有"静坐"和"入门"的问答。

1552年（嘉靖三十一年） 与王龙溪等人一起两次访戚贤，并相互论学。

1553年（嘉靖三十二年） 携弟子贡安国前往琅琊山拜谒阳明先生祠。同年秋，与何迁等人商定讲会事宜。

1554年（嘉靖三十三年） 与王龙溪等共同参加"宁国府六邑大会"。同年，在水西书院期间刊刻《传习续录》。

1555年（嘉靖三十四年） 又刻《传习续录》于水西精舍。

1556年（嘉靖三十五年） 参加"复初会"，其后主讲"水西会"。五月，又主崇正书院的讲会。之后，赴"青原会"。同年，重刻《阳明先生文录》于天真书院。

1558年（嘉靖三十七年） 主持"水西会"。同年，夫人张氏去世。

1559年（嘉靖三十八年） 受邀主持怀玉书院教事。

1560年（嘉靖三十九年） 与邹守益、陈明水等人会于"闻讲书院会"。六月，胡宗宪重建表忠观，命钱德洪守之。德洪撰《余姚钱王表忠祠记》。同年，应邹守益催促，努力完成阳明《年谱》的工作。

1561年（嘉靖四十年） 刊刻王阳明早年著作，汇编为《文录续编》。

1562年（嘉靖四十一年） 完成阳明《年谱》草稿，与罗念庵等人一同校正。

1563年（嘉靖四十二年） 四月，正式完成《阳明先生年谱》。随后，与王龙溪、罗念庵等一同校阅。

1565年（嘉靖四十四年） 参加"新安六邑同志大会"，后作《颐闲疏》，不再远游。

1566年（嘉靖四十五年） 汇集《文录续编》六卷，刻于浙江嘉兴。

1567年（隆庆元年） 进阶朝列大夫致仕。

1568年（隆庆二年） 增订阳明《年谱》。

1570年（隆庆四年） 王时槐拜见钱德洪。钱德洪作《瀛山书院三贤祠记》。同年八月，增刻《文录续编》。

1572年（隆庆六年） 参加《王文成公全书》的刻写。

1573年（万历元年） 神宗即位，钱德洪按例进一阶。

1574年（万历二年） 寓居杭州表忠观。同年十月二十七日，卒于此地。闰十二月初三，葬于余姚胜归山玉屏峰下。

主 要 著 作

1. 钱应乐编：《绪山会语》二十五卷（今佚）。

2. 徐用检编：《绪山先生续训》（今佚）。

3. 王金如编：《钱绪山先生要语》（今佚）。

4. 《绪山语录》一卷（今佚）。

5. 《绪山集》二十四卷（今佚）。

6. 《濠园记》一卷（今佚）。

参 考 书 目

1. 朱熹. 四书章句集注 [M]. 北京：中华书局，2011.

2. 黄宗羲. 明儒学案 [M]. 北京：中华书局，2008.

3. 张廷玉. 明史 [M]. 北京：中华书局，1974.

4. 王阳明. 王阳明全集：上、下 [M]. 上海：上海古籍出版社，1992.

5. 陆九渊. 陆九渊集 [M]. 北京：中华书局，1982.

6. 徐爱钱德洪董沄集 [M]. 钱明，编校整理. 江苏：凤凰出版社，2007.

7. 侯外庐，等，主编. 宋明理学史 [M]. 北京：人民出版社，1987.

8. 杨伯峻，译注. 论语译注 [M]. 北京：中华书局，1980.

9. 杨伯峻，译注. 孟子译注 [M]. 北京：中华书局，1984.

10. 陈荣捷. 朱熹 [M]. 北京：生活·读书·新知三联书店，2012.

11. 陈荣捷. 王阳明传习录详注集评 [M]. 上海：华东师范大学出版社，2009.

12. 秦家懿 . 王阳明 [M]. 北京：生活·读书·新知三联书店，2011.

13. 嵇文甫 . 晚明思想史论 [M]. 北京：东方出版社，1996.

14. 萧萐父、许苏民 . 明清启蒙学术流变 [M]. 沈阳：辽宁教育出版社，1995.

15. 牟宗三 . 心体与性体 [M]. 台湾：正中书局，1968.

16. 方祖猷 . 王畿评传 [M]. 南京：南京大学出版社，2001.

17. 余英时 . 朱熹的历史世界——宋代士大夫政治文化的研究 [M]. 北京：生活·读书·新知三联书店，2004.

18. 钟彩均 . 钱绪山及其整理阳明文献的贡献 [J]. 中国文哲研究通讯 .1998（8）:69-89.

19. 蒙培元 . 理学的演变——从朱熹到王夫之、戴震 [M]. 福州：福建人民出版社，1998.

20. 陈来 . 宋明理学 [M]. 沈阳：辽宁教育出版社，1991.

21. 陈来 . 有无之境——王阳明哲学的精神 [M]. 北京：人民出版社，1990.

22. 高全喜 . 理心之间——朱熹和陆九渊的理学 [M]. 北京：生活·读书·新知三联书店，1992.

23.钱明.阳明学的形成与发展[M].南京：江苏古籍出版社，2002.

24.吴震.阳明后学研究[M].上海：上海人民出版社，2003.

25.左东岭.王学与中晚明士人心态[M].北京：人民文学出版社，2000.

26.吕妙芬.阳明士人社群——历史、思想与实践[M].北京：新星出版社，2006.

27.彭国翔.良知学的展开——王龙溪与中晚明的阳明学[M].北京：生活·读书·新知三联书店，2005.

28.彭国翔.钱绪山语录辑逸与校注[J].中国文哲研究通讯.2003（13）:111-128.

29.岛田虔次.朱子学与阳明学[M].蒋国保，译.西安：陕西师范大学出版社，1986.

30.冈田武彦.王阳明与明末儒学[M].吴光，等，译.上海：上海古籍出版社，2000.